# 嗨，别担心
## 你可以停止自我伤害

边玉芳 主编

Lawrence E. Shapiro

[美] 劳伦斯·E. 夏皮罗 著

边玉芳 丁振 译

湖南教育出版社
·长沙·

著作权所有，请勿擅用本书制作各类出版物，违者必究。

**图书在版编目（CIP）数据**

你可以停止自我伤害 /（美）劳伦斯·E.夏皮罗著；边玉芳，丁振译. —长沙：湖南教育出版社，2024.4

（嗨，别担心）

ISBN 978-7-5539-9864-0

Ⅰ.①你… Ⅱ.①劳…②边…③丁… Ⅲ.①心理健康–健康教育–青少年读物 Ⅳ.①G444-49

中国国家版本馆CIP数据核字（2024）第087860号

STOPPING THE PAIN : A WORKBOOK FOR TEENS WHO CUT AND SELF-INJURE
BY LAWRENCE E. SHAPIRO, PHD.

Copyright © 2008 BY LAWRENCE E. SHAPIRO
This edition arranged with NEW HARBINGER PUBLICATIONS through BIG APPLE AGENCY, LABUAN, MALAYSIA.
Simplified Chinese edition copyright: 2024 Hunan Education Publishing House
All rights reserved.

湖南省版权局著作权合同登记章字：18-2023-282号

NI KEYI TINGZHI ZIWO SHANGHAI
**你可以停止自我伤害**

| | | | |
|---|---|---|---|
| 出 版 人： | 刘新民 | 策划编辑： | 陈慧娜 |
| 责任编辑： | 姚晶晶 | 封面设计： | 凌 瑛 |
| 出版发行： | 湖南教育出版社（长沙市韶山北路443号） | | |
| 电子邮箱： | hnjycbs@sina.com | 网　址： | www.jiaxiaoclass.com |
| 微 信 号： | 家校共育网 | 客服电话： | 0731-85486979 |
| 经　　销： | 全国新华书店 | | |
| 印　　刷： | 湖南省众鑫印务有限公司 | | |
| 开　　本： | 710 mm×1000 mm　1/16 | | |
| 印　　张： | 10 | 字　数： | 114 000 |
| 版　　次： | 2024年4月第1版 | 印　次： | 2024年4月第1次印刷 |
| 书　　号： | ISBN 978-7-5539-9864-0 | | |
| 定　　价： | 39.80元 | | |

本书若有印刷、装订错误，可向承印厂调换。

# 译者序

青少年是儿童向成人角色转变的关键过渡阶段，个体在这一阶段会经历生理、认知和社会性等多方面的发展，对于个体价值观的形成和人生的塑造具有重要的意义。在影响个体成长与发展的众多因素中，心理因素以其不易觉察的隐蔽性、易于波动的敏感性，以及能够决定所有外部因素作用于个体的最终形式的重要性，成为需要特别关注的重要方面。然而，近几年我国青少年的心理健康状况不甚乐观，引发全社会的广泛关注。据估计，全世界有10%~20%的青少年存在心理健康问题，约50%的心理健康问题在青少年时期加剧，若不及时干预，其影响往往会持续到成年阶段。而《中国国民心理健康发展报告（2021—2022）》显示，约14.8%的青少年存在不同程度的抑郁风险，其中4.0%的青少年属于重度抑郁风险群体；《2022年国民抑郁症蓝皮书》也显示，抑郁症发病群体呈年轻化趋势，18岁以下的抑郁症患者占总人数的30%，50%的抑郁症患者为在校学生。抑郁以外，焦虑、成瘾、学习困难、情绪障碍、品性障碍、自残自伤、虐待及霸凌等个体的内外化问题，也都会造成严重的心理健康问题及相关后果，需要引起教育行政部门、学校、家长及青少年自身的高度重视。

这几年，我国政府从国家战略的高度来关注学生身心健康问题。

2023年4月，教育部、国家卫生健康委等十七部门联合印发《全面加强和改进新时代学生心理健康工作专项行动计划（2023—2025年）》，特别提出要全方位开展心理健康教育，组织编写大中小学生心理健康读本，扎实推进心理健康教育普及。为切实回应党和国家的号召，关注社会需求，我们一直将儿童青少年的心理健康作为研究的重要议题，这次我们很高兴应湖南教育出版社的邀请，翻译这套引进自美国New Harbinger Publications公司的青少年心理自助系列图书（Instant Help），向青少年、家长及教育工作者科普相关主题的心理健康知识，以期支持青少年个性、情感、社会适应能力等方面的发展，最终形成健康的自我、丰富的个性和正向的价值观，为全面加强和改进新时代青少年心理健康工作添砖加瓦。

New Harbinger Publications自创立以来的40年间一直是普及心理健康知识、推广积极生活方式、促进个体幸福感提升的重镇。该出版公司致力于邀请经验丰富的从业人士撰写基于实证研究和临床验证的书籍，同时也注重简明扼要、易于操作、切实解决读者面临的真实问题。Instant Help Books是一家专门为儿童青少年以及家长提供心理类自助手册的出版公司，在行业内处于龙头地位，在2007年被New Harbinger收购。该品牌已成为认知行为疗法（CBT）"第三次浪潮"的代表，系列书籍使用接受承诺疗法（ACT）、辩证行为疗法（DBT）和正念减压疗法（MBSR），将传统认知行为疗法技术与正念和接受等其他方法相结合，用最先进的理念和手段向青少年传授行之有效的技能，以帮助他们应对来自父母、学校、社会甚至是他们自己的各种困境。截至目前，该系列已出版50多本著作，主题涵盖焦虑、抑郁等心理障碍临床表现，离婚、社交媒体等触发情境及因素，自我关怀、自信等自我探索与发展方面，以及正念、行动思维等帮助提升幸福感、保持身心健康的技能与手段等。该系列图书不仅能够帮助青少年应对危机、健康成长，也得到了家长、咨询师、治疗师、学校教师和辅导员的一致好评与推荐，其中多本手册再版，并被译作各种语言销往世界各地。

我们精心挑选了其中的8本图书引进到国内出版，涵盖目前我国青少年心理健康需要特别关注的8个方面，包括抑郁、焦虑、愤怒等情绪的调节，社交、父母离异等问题的应对，自伤自残现象的处理，自尊与自我价值的确立等。我第一次阅读出版社提供给我的原稿，就特别喜爱，认为对促进我国青少年心理健康是十分有帮助的。

受邀以来，我们遴选多名文字功底好、治学严谨、认真负责的青年教师和研究生承担翻译、校对等工作，最后由我本人对这些翻译稿进行统校。在翻译过程中，我们秉持客观准确反映原作观点的基本原则，致力于提高文本的实用性和可读性，使其真正服务于我国广大青少年，为他们排忧解难；同时，兼顾家长、校长、班主任和辅导员等群体，将本书打造为解决青少年常见心理问题的操作指南。

最后，我要由衷感谢湖南教育出版社以及陈慧娜、姚晶晶、张件元、陈逸昕、胡晓、崔沛源等各位编辑老师，感谢你们的慧眼和信任，让我们有机会翻译这么好的一套书，感谢各位编辑老师事无巨细的翻译指导和高质量编校。同时我要感谢参与本次翻译的各位成员努力与严谨的工作，他们是梁丽婵、刘昊林、蒋柳青、丁振、庄瑞雪、李海燕、黄婉婉、曾毅，正是大家的共同努力才使这么好的一套书能在较短时间内面世。

衷心盼望本书能够成为我国推进青少年心理健康教育的工具书！盼望每一个青少年能以乐观、积极、阳光的心态面对充满希望的人生！

边玉芳

2023 年 12 月 26 日于北京

## 致阅读本书的专业人士

这本手册是协助专业心理咨询师治疗的实用工具，但它不能代替心理咨询。书中的活动可以在咨询中与青少年一起完成，或者作为心理家庭作业，让他们带回家中完成。其中许多活动都要求青少年思考困扰他们的问题和感受，所以当他们完成这些活动时，可能需要额外的心理支持。

这些活动主要针对自残行为，但也会涉及其中潜在的诱因，如早期创伤，以及共病①性疾病，如抑郁和进食障碍。因此，咨询师应对每个青少年进行全面评估，以确定恰当的诊疗手段。

心理咨询师应该了解，针对自残的青少年有不同的治疗方案。对于焦虑和抑郁，常见的治疗方法包括认知行为疗法、辩证行为疗法、团体疗法以及药物疗法。尽管出现抑郁症状时，大多数自残的青少年都说他们并不是想要通过自残来自杀，但自杀的可能性依然是存在的。此外，青少年自残可能会对健康造成严重危害，这些问题都需要心理咨询师在制定治疗方案时加以考虑，妥善解决。

---

① 共病：也译作同病、合病，指两种或两种以上疾病共同存在。如抑郁和进食障碍经常会同时出现，这就是常见的共病。

诊疗青少年的自残行为，心理咨询师需要做到以下几点：

- 能够对病人做出长期承诺
- 提供持续的支持和监督
- 能给处于危机中的青少年提供帮助
- 承诺无论当事人的行为多么令人不安，都不能批判他们

如今，自残已被公认为是青少年和成年人的一个普遍问题，随着人们日益关注这一问题，这方面的资源也越来越多。

下面这些书籍值得一读：

《治疗自残：实用指南》（*Treating Self-Injury: A Practical Guide*），巴伦特·W. 沃尔什。

《伤痕累累的灵魂：理解并终结自残行为》（*The Scarred Soul: Understanding & Ending Self-Inflicted Violence*），特蕾西·奥德曼。

《身体伤害：自残的突破性治疗方案》（*Bodily Harm: The Breakthrough Healing Program for Self-Injurers*），卡伦·康泰里奥，温迪·雷德，詹妮弗·金森·布鲁姆合著。

《边缘人格障碍的认知行为治疗》（*Cognitive-Behavioral Treatment of Borderline Personality Disovder*），玛莎·M. 莱恩汉。

青少年自残的原因有很多，但这种行为本身总是令人非常不安的。幸运的是，随着我们对这个问题的认识不断深入，越来越多投身于此的专业人士将发挥重要的作用。

## 致阅读本书的青少年

如果你正在阅读这本书，也许是有人认为你有自残的问题，并觉得这本手册可以帮助你。

虽然你自残的原因有很多，但我相信你一定知道伤害自己并不是处理问题的好方法。我编写这本指导手册就是为了给你提供更好的方法来应对令你困扰的问题和感受。但是，要想让这本指导手册真正对你有所帮助，你必须做好准备，尝试停止伤害自己。

那么，如果你想停止伤害自己，这本手册可以帮助你：

- 了解你自残的原因
- 找到更好的方法来处理令你难受的情绪
- 控制你自残的想法
- 承诺停止自残，并从关心你的人那里获得正确的支持

本书不能代替心理咨询。持续伤害自己的人需要寻求经验丰富的心理咨询师的支持，你应该尽力与你信任的咨询师保持联系，进而帮助自己。这本手册不仅能帮助你更好地了解自己，还能帮助咨询师了解你，这将为你的诊疗带来很多益处。

你可能会发现，有些活动会让你感到不安，或者引发不太好的回忆。请与你的心理咨询师谈谈那些让你心情低落的事，无论它们是什么。

生活中常常充满痛苦，包括身体上的和精神上的。我们每个人的一生也都会经历痛苦，但你可以让这一切变得更好。我希望这本手册能帮你找到更健康的方式来应对这些困扰和痛苦。这需要很多的努力，但我相信这一切都是值得的。

谨致

劳伦斯·E.夏皮罗博士

# contents 目 录

## CHAPTER 1　做好准备，帮助你自己

活动 01　你所说的都将保密　　　　　　　　　　003
活动 02　自残可以不是秘密　　　　　　　　　　005
活动 03　你对自残了解多少？　　　　　　　　　008
活动 04　人们为什么会伤害自己？　　　　　　　013
活动 05　你准备好停止伤害自己了吗？　　　　　017

## CHAPTER 2　思考自我和自残

活动 06　你的自我意象是什么样的？　　　　　　023
活动 07　如果愿意，你可以改变自己　　　　　　027
活动 08　你的身体意象是什么样的？　　　　　　030
活动 09　善待自己的身体　　　　　　　　　　　035
活动 10　理解自己为什么会自残　　　　　　　　038
活动 11　你和其他自残的人一样吗？　　　　　　041
活动 12　聊　聊你的自残　　　　　　　　　　　044
活动 13　不要给自己贴上"自残"的标签　　　　047
活动 14　理解自己的感受　　　　　　　　　　　050
活动 15　你的感受从何而来？　　　　　　　　　055
活动 16　错误的思维方式会导致无助和绝望　　　059
活动 17　纠正错误的"自动思维"　　　　　　　063
活动 18　做让自己快乐的事情　　　　　　　　　067
活动 19　远离那些可能用来伤害自己的东西　　　071
活动 20　寻找替代活动　　　　　　　　　　　　075

## CHAPTER 3　与他人建立联系

活动 21　与他人谈论真实的自我　　　　　081
活动 22　告诉父母你的感受　　　　　　　089
活动 23　告诉父母他们应该怎么说　　　　092

## CHAPTER 4　战胜自残

活动 24　找一个"安全屋"　　　　　　　　099
活动 25　创建虚拟"安全屋"　　　　　　　102
活动 26　为自己设定目标　　　　　　　　　105
活动 27　制作一个自残应急包　　　　　　　110
活动 28　应对压力　　　　　　　　　　　　112
活动 29　学会正念　　　　　　　　　　　　116
活动 30　处理让人苦恼的想法和感受　　　　120
活动 31　是什么令你苦恼？　　　　　　　　124
活动 32　对苦恼的想法和感受脱敏　　　　　127
活动 33　面对自己在饮食方面的问题　　　　131
活动 34　你的生活方式健康吗？　　　　　　135
活动 35　你准备好停止自残了吗？　　　　　139
活动 36　回顾你所学到的内容　　　　　　　142
活动 37　帮助他人，成就自己　　　　　　　145

# CHAPTER 1
# 做好准备,帮助你自己

下决心为自己寻求帮助并非易事。如果你和大多数自残的青少年一样，这种习惯已经成为你应对难过情绪的一种方式，你可能很难想象不依靠自残也能轻松度过一周。

那么，这本指导手册可以帮助你消除自残的痛苦，同时也帮助你更好地应对情绪上的痛苦，比如独自面对问题时的痛苦。

学会停止自残就像学会停止其他成瘾行为一样，需要你有强烈的戒除愿望，并且投入大量的时间和精力，还需要其他人的大力支持。

在第一部分中，我们将会解决你的问题，为让你过上更快乐、健康的生活奠定基础。你将迈出第一步，学会信赖别人，愿意敞开心扉去谈论自残这个秘密，这样你才能正面审视自残在你生活中扮演的角色。

> 活动
> **01**

CHAPTER 1 | 做好准备，帮助你自己

# 你所说的都将保密

## 你需要知道

你在这本手册上所写的内容或你告诉咨询师的内容都属于个人隐私，除非你愿意公开，否则这一切都将保密。当然，有一种特殊情况，就是你有生命危险，那么这本手册的内容可能会未经你同意被公开，因为拯救你的生命比保护隐私更重要。

有时心理咨询师会希望与你的父母或老师谈论你的问题。如果他想这样做，应该首先征得你的同意。如果他没有，那你可能很难再继续信任他。

如果你愿意，可以要求你的咨询师或其他倾诉对象，在下一页的保密声明上签字。这将让他们意识到：你的隐私非常重要。

## 心理咨询师保密声明

我同意对我所听到的内容保密。即使我不喜欢我听到的内容，除非得到你的允许，否则我不会向他人谈论这些内容。

但是，如果我评估你正在做的事情会给你或其他人带来真正、直接的危险，那么我会尽我所能阻止你。

我也希望你能够理解：＿＿＿＿＿＿＿＿＿＿＿＿＿＿＿＿＿＿
＿＿＿＿＿＿＿＿＿＿＿＿＿＿＿＿＿＿＿＿＿＿＿＿＿＿＿＿
＿＿＿＿＿＿＿＿＿＿＿＿＿＿＿＿＿＿＿＿＿＿＿＿＿＿＿＿

签 名：＿＿＿＿＿
日 期：＿＿＿＿＿

| 活动 CHAPTER 1 | 做好准备，帮助你自己

# 02 | 自残可以不是秘密

## 你需要知道

很少有成年人愿意谈论自残。很多青少年也对自己的自残行为秘而不宣，他们认为这会"吓坏"父母，害怕父母或其他成年人的行为会让事情变得更糟。许多青少年对自残感到羞愧或内疚，觉得自己有问题。这很正常，因为他们也不希望别人认为他们疯了。

大多数青少年对父母隐瞒自残的秘密，而当父母发现时，他们通常也会瞒着家族里的其他人和朋友。

但是，对此保密，对你没有任何帮助，反而可能会让你的情况变得更糟。因为这会让你觉得孤独，而当你孤独时，就更容易感到沮丧和无助，从而加剧自残行为。

当然，把秘密说出来也会存在问题，许多青少年说：

"如果我告诉父母，他们会受不了的。"

"如果我告诉我的心理医生，他可能会把我送进医院。"

"如果把自残的事告诉我的朋友，他们会直接告诉大人。"

这些可能都是事实，但如果你已经准备好接受帮助，那么告诉别人你的秘密也是寻求帮助的一部分。

当你向他人求助时，每个人的反应不尽相同。

所以在下面的信里，请你根据真实情况在横线处填空，你也可以画掉你不同意或不适用于你的句子。然后把你自己想说的，以你喜欢的表达方式给父母写一封信。写完之后，你不是一定要把这封信交给父母，也可以选择自己保存，或者把它交给你信任的人，甚至可以在写完后立即撕掉。但即使撕掉了，你也应该想一想自己究竟写了什么，以及如何与你关心的人和关心你的人分享这封信。

---

亲爱的_____

接下来我要告诉你的事情可能会吓到你，但我需要你的帮助。

如果你吓坏了，就没办法帮助我了，所以我希望你能尽可能冷静地看完这封信。

我想告诉你一个秘密，这个秘密我已经保守了（多长时间）_____。

有时当我感觉_____，我会伤害我自己。

我通过_____伤害自己。

我知道这难以理解，但当我这样做的时候，我感觉_____。

你现在不需要做什么。我只是想与你分享，并让你知道我需要你的帮助。你现在能帮我做的最好的事情是_____。

我还希望你能够明白，自残这个问题需要你的理解，也需要你的耐心。

谢谢你的帮助。

签名：_____

你可以给父母或其他能帮助你解决问题的成年人写一封信。可以用上一页模板里的句子，也可以自己创作。

活动 03 | CHAPTER 1 | 做好准备，帮助你自己

# 你对自残了解多少？

## 你需要知道

人们对自残的人有很多误解。你对自残了解得越多，就能越快地找到帮助自己的方法。

---

大多数自残的人会对自己的这种行为保密。他们可能觉得自己是世界上唯一这么干的人。即使他们愿意接受心理咨询，也可能羞于承认他们伤害了自己。

最近几年，越来越多的人开始谈论自残，这种行为变得不再那么隐秘。有许多关于自残的书籍出版，互联网上也出现许多相关的网站和博客，不过需要特别提醒的是，在互联网上读到的东西并不一定对你有利。

谈论自残的人越多，我们就越能了解如何帮助这些有自残行为的人。把谬见与事实区分开来，这是我们朝着正确方向迈出的重要一步。

你可以自己来做一做下一页的"小测验"，也可以给其他人试试。

▶ 你对自残的人了解多少?

在认为正确的陈述旁边打"√",错误的打"×"。答案在下一页揭晓。

1. 只有少数病得很严重的人才会自残。

2. 自残的青少年其实是想要自杀,但他们没有勇气。

3. 人们自残的方式有很多种。

4. 自残的人都是疯子,应该被送进医院。

5. 自残的青少年只是想引起父母的注意。

6. 为了寻求某个团体或同伴的接纳,青少年选择自残。

7. 只有存在其他严重心理问题的青少年才会自残。

8. 如果你的自残行为不严重,给身体造成的伤害很小,那就不必太在意。

9. 女孩和男孩自残的方式通常不同。

▶ **答案**

1. 只有少数病得很严重的人才会自残。✗

大约 1% 的人曾经以自残的方式来应对无法承受的情况或感受。

2. 自残的青少年其实是想要自杀，但他们没有勇气。✗

虽然有些自残的青少年的确有自杀倾向，他们会经常想到死亡，但大多数青少年表示，他们自残时并不是想死，而是自残已经成为他们应对生活痛苦的一种方式，或是已经成为自己的一种习惯。

3. 人们自残的方式有很多种。✓

自残的定义是故意伤害自己。人们有很多方法来伤害自己，但最常见的是割伤或烧伤自己的皮肤。

4. 自残的人都是疯子，应该被送进医院。✗

特蕾西·奥德曼在《伤痕累累的灵魂》一书中提道，大多数自残行为不会危及生命，甚至可能不需要医疗护理。有些青少年被送进医院，只是因为他们身边的成年人感到害怕，不知道还能做些什么。研究自残行为的专家指出，住院治疗实际上会使情况变得更糟。大多数自残的青少年都在努力寻求对生活的控制，强迫住院会让他们感觉更糟，可能导致自残行为变本加厉。

5. 自残的青少年只是想引起父母的注意。✗

有些青少年说，他们开始自残的时候，是想让自己的情绪困扰得到关注，但当他们仔细想想，就会发现自己的行为其实是一种无声的求救，并不是为了吸引关注。事实上，大多数自残的青少年都会不遗余力地向成年人，尤其是父母隐瞒自己的伤疤和自残行为。许多专业人士认为，所有的心理症状都是在试图寻求帮助，但这些症状往往伪装得很好，以至于人们无法辨认出它们的真面目，这也是问题的关键所在。

6. 为了寻求某个团体或同伴的接纳，青少年选择自残。×

虽然有些自残的青少年会组成一个小团体，但很少有青少年是为了成为团体的一员而伤害自己。所谓"同病相怜"，更多的是指不快乐的青少年通过与其他有类似感受的青少年在一起来寻求安慰。

7. 只有存在其他严重心理问题的青少年才会自残。×

虽然有些自残的青少年确实有其他非常严重的问题，而且这些问题可能已经存在多年，但并不是每个孩子都是这种情况。你可以在活动4中进一步了解自残的原因。

8. 如果你的自残行为不严重，给身体造成的伤害很小，那就不必太在意。×

自残的严重程度与你的痛苦程度关系不大。人们对痛苦的承受能力不同，自残的方式也不同。当青少年自残时，就应该引起重视。

9. 女孩和男孩自残的方式通常不同。✓

虽然女孩自残更为常见，但也有很多男孩会这样做。有人认为，相比于男孩，人们更容易发现女孩的自残行为。还有人认为，男孩自残的方式更为间接，他们更有可能通过高风险行为（如极限运动）伤害自己。

▶ **自我思考**

● 以上这些答案里是否有让你感到意外的信息?如果有,请说说。

● 人们对自残还有哪些错误的看法?

● 人们对你有哪些错误的看法?

● 最了解你的人是谁?你觉得他知道你自残吗?

活动 **04** | CHAPTER 1 | 做好准备，帮助你自己

# 人们为什么会伤害自己？

## 你需要知道

很多人都很难理解自残，也不会谈论这个问题，因为在他们看来，这种行为太不正常了。我们首先需要了解为什么疼痛会让人感觉良好，这可以帮助人们理解你自残的原因。

虽然大多数人认为疼痛是一件坏事，是应该避免的，但其实每个人都有过又疼又"爽"的经历，比如以下这些例子：

- 用力按摩疼痛的肌肉
- 抓痒
- 在 35 摄氏度的天气里跳进冰冷的湖里或泳池里
- 在按摩浴缸中泡热水澡
- 恶心时呕吐
- 挤痘痘
- 在肌肉灼痛的情况下运动

一些科学家认为，与长期疼痛相比，突如其来的疼痛会释放内啡肽，

这种物质会在大脑中产生兴奋感，这也是自残会让一些人上瘾的原因之一。疼痛之所以会让人感觉良好，还有其他心理原因。在下一页中，你将看到一些青少年自残的原因。

请圈出一两个最符合你的实际情况的

我伤害自己,因为这是生命中唯一可以由我掌控的事情。

我伤害自己,因为它让我不再感到麻木,内心不再死寂。

我伤害自己,因为这比回忆那些让人痛苦不堪的往事要好。

我伤害自己是因为我应该受到惩罚。

我伤害自己,因为这最能让我父母伤心。

我伤害自己,因为这让我感受到某种无法用言语表达的东西。

▶ **自我思考**

● 如果你不自残,你的生活会是什么样子?
_____
_____

● 你认为谁最能理解你的感受?
_____
_____

● 在自残之前,你会有哪些感受?
_____
_____

● 自残后,你会立即做哪些事情?
_____
_____

| 活动 05 | CHAPTER 1 | 做好准备，帮助你自己 |

# 你准备好停止伤害自己了吗？

## 你需要知道

爱你的、关心你的人看到你伤害自己，一定会非常难过。有很多人希望你停止伤害自己，但只有当你自己准备好了，一切才有可能。

我们很难仅仅因为他人不喜欢，就改掉自己的坏习惯。自残的原因有很多，只有你自己才能理解这些原因，也只有当你自己准备好了，才会停止自残。但怎么知道自己已经准备好了呢？

这本手册里有许多帮助你停止自残的方法，也有引发你自残行为的问题的解决方法。但只有你下定决心停止伤害自己，这些建议才能起作用。对每个人来说，改变自己的行为或感受都不容易，但承诺做出改变是第一步。

▶ **给"你是否准备好了"打分**

给下面的每句话打分,从1到10,1 = "我不同意",10 = "我非常同意"。大多数准备停止自残或改掉某种坏习惯的人对改变的态度都是矛盾的,所以不要期望得到100分。

随着你学会战胜自残的方法,你改变的动力也会越大。所以你可以每一两周给自己打一次分,看看你的分数是否有变化。

- 我想完全停止伤害自己。_____

- 我想结交新朋友。_____

- 我想更好地对待自己的身体。_____

- 我想与父母建立更好的关系。_____

- 当我需要帮助时,我愿意开诚布公。_____

- 我要养成健康的生活方式。_____

- 我想找到生活中让我快乐的积极的事情。_____

- 我想每天醒来都为自己活着而感到高兴。_____

- 我希望对未来有一个积极的规划。_____

- 我希望生活中有很多我关心的和关心我的人。_____

总分_____

▶ **自我思考**

● 你曾经完成过你认为自己做不到的事情吗？当时是什么情况？

_____

_____

_____

● 你认识非常有上进心的人吗？他是如何保持动力的？

_____

_____

_____

● 你曾经改掉过一个坏习惯吗？你是如何做到的？

_____

_____

_____

● 一些人的动力来自奖励，即实现目标后会得到的东西，但更多人的动力来自他人的认可。当你停止伤害自己时，生活中谁会给你最积极的反馈和认可？

_____

_____

_____

# CHAPTER 2 思考自我和自残

对大多数人来说，自残和其他成瘾行为都是逃避思考问题的方式。随着你对自我，以及自己如何处理问题的方式有更多的了解，会更容易停止自残这种行为。

我们一生都在了解自我，认识自我。随着年龄的增长，你的朋友、家人、生活地点和生活方式都会不断发生变化，你自己也会改变，并且每天都有机会做出新的选择，让自己的生活更快乐、更充实。当你对自己有了深入的了解，就更容易做出更好的选择，更容易应对压力和困难。

| 活动 06 | CHAPTER 2 | 思考自我和自残

# 你的自我意象是什么样的？

## 你需要知道

自我意象[①]有很多方面。人是非常复杂的，有优点也有缺点。你对自己积极品质和消极品质的关注程度某种意义上决定了你的自我意象。自我意象好的人更关注自己的积极品质，并相信能够掌控自己的问题。

大多数自残者的自我意象都较差。正如很多青少年承认，他们伤害自己是因为他们觉得自己应该受到惩罚。有些则是因为年幼时在情感或身体上受到过伤害。虽然这听起来并不合理，但是他们说在重复曾经经历过的伤痛时，会好过一点。

如果你的自我意象不佳，那么是时候改善它了。越是学会发现你喜欢自己的地方，就越不会想去伤害自己。

---

[①] 自我意象：指在自我中形成的有关自己的表象或想象，包括对自己的能力、价值、目标和潜能等的评价。

▶ **你的十大优点**

你有哪些积极的品质？在此列出你的十大优点：

1. _____

2. _____

3. _____

4. _____

5. _____

6. _____

7. _____

8. _____

9. _____

10. _____

现在来完成本活动的第二部分，了解他人眼中你的优点有哪些。

邀请你喜欢和尊重的三个人，请他们各自说说你的三个优点是什么。无论你是否同意他们的说法，请在此写下这些优点：

- 来自第 1 个人的反馈

_____

_____

_____

- 来自第 2 个人的反馈

_____

_____

_____

- 来自第 3 个人的反馈

_____

_____

_____

现在给每个人的反馈打分，打分标准是你是否认同他们的描述，从 1 到 7，如果你认为自己完全不具备这种品质，请打 1 分；如果你非常同意自己具备这种品质，请打 7 分。

▶ **自我思考**

● 你很难列出自己优点吗？如果是，请说明原因。

---

● 你是不是不太愿意听别人谈论你的优点？他们中有没有一个最了解你的人？

---

● 有些人很难接受赞美和积极反馈。想一想，你是不相信自己听到的评价，还是能够接受别人看到了你的优点，即便你自己并没有发现。

---

● 写一个你自己也认可的、别人夸赞你的优点。

---

● 写一个别人夸赞你的，但你并不那么确定自己是否具备的优点。

---

● 写一个别人夸赞你的优点，虽然你不确定自己是否具备，但你希望自己真的拥有它。

---

| 活动 | CHAPTER 2 | 思考自我和自残 |

# 07 如果愿意，你可以改变自己

## 你需要知道

拥有积极自我意象的关键是相信自己能够改变存在的问题，包括伤害，也包括其他问题。

每个人都有自己想要改变的事情。虽然，有些事情是我们无法改变的，比如我们的身高、我们的身材，但也有很多是我们可以改变的。

▶ **你想改变自己的什么?**

写下你想改变自己的五件事。

1. _____ (　　)

2. _____ (　　)

3. _____ (　　)

4. _____ (　　)

5. _____ (　　)

现在评估一下,你觉得自己能否改变这些问题。从 1 到 7,在每个问题旁边写一个数字,1 = "我无法改变",7 = "我有信心改变"。

如果你在这个练习中没有给自己打高分,也不要气馁。如果你的自我意象不佳,可能是因为你对自己有不切实际的期望,或者你可能对自己能够改变缺乏信心。

在活动 26:为自己设定目标中,你将学习到如何为自己设定目标,从而帮助你改变自己的生活。

▶ **自我思考**

● 你不想改变自己的哪一点？

_____
_____
_____

● 如果你认识一个最近在生活中做出了积极改变的人，请告诉我们这个人改变了什么。这种改变是如何发生的？

_____
_____
_____

● 想一想你希望在生活中改变什么，再想一想谁能帮助你实现这一改变。他最能帮到你的事情是什么？

_____
_____
_____

活动 **08** | CHAPTER 2 | 思考自我和自残

# 你的身体意象是什么样的？

## 你需要知道

大多数自残的青少年都有不良的身体意象①。有些青少年说，他们伤害自己，给身体留下疤痕是因为他们不喜欢自己的身体。当然，这种行为只会让他们对自己身体的感觉更糟。当学会更好地对待自己的身体时，你就迈出了走出自残的重要一步。

有些青少年说，在身体上故意留下疤痕与文身或穿孔没有区别，但并非如此。文身的人以文身为荣，喜欢用文身来引起他人的注意，而自残的人则为自己的所作所为感到羞耻，会把伤疤藏起来。顾名思义，自残就是伤害自己，它不像文身或穿孔那样希望被别人看到。

更重要的是，皮肤破损会导致健康风险，更容易引起血液传播疾病，包括乙型和丙型肝炎、破伤风和艾滋病。尤其当人们使用未经消毒的物品刺破或割伤皮肤时，风险最大。

---

① 身体意象：指个体对自己身体的感知、理解和评价。

与进食障碍患者一样（见活动 33：面对自己在饮食方面的问题），许多自残的人以自己的身体为耻，他们认为自己身体的某些部位非常丑陋。这些看法当然并不属实，但他们就是很难接纳自己的身体。

本活动包括 4 个练习，帮助你思考自己的身体意象及其与自残的关系。

▶ **你喜欢自己身体的哪些部位，不喜欢哪些部位？**

在下图中，用蓝色笔标出你喜欢的身体部位，用红色笔标出你不喜欢的部位。

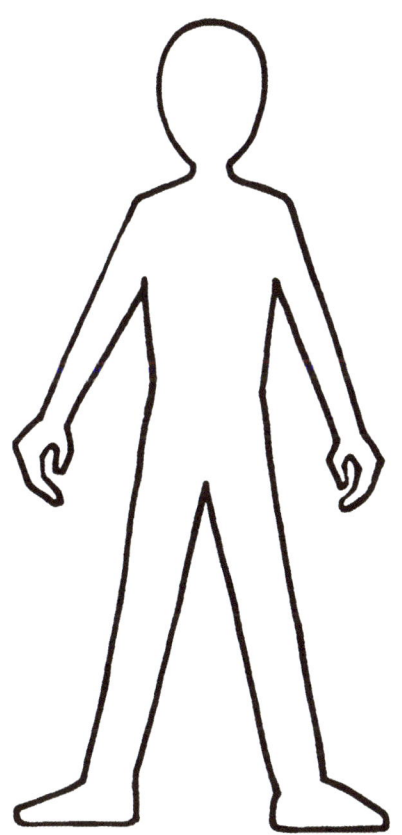

▶ **你曾经伤害过你身体的哪些部位？**

在下面的图片上，用铅笔画出你在自己身上留下的伤疤，或者画出你曾伤害过自己的部位。

现在，在你想改变的身体部位旁标上数字。想一想是否能在不伤害自己的情况下改变它们，比如通过锻炼、节食，或者改变发型、穿衣风格，还有化妆。在旁边相应的横线上写下"是"或"否"。

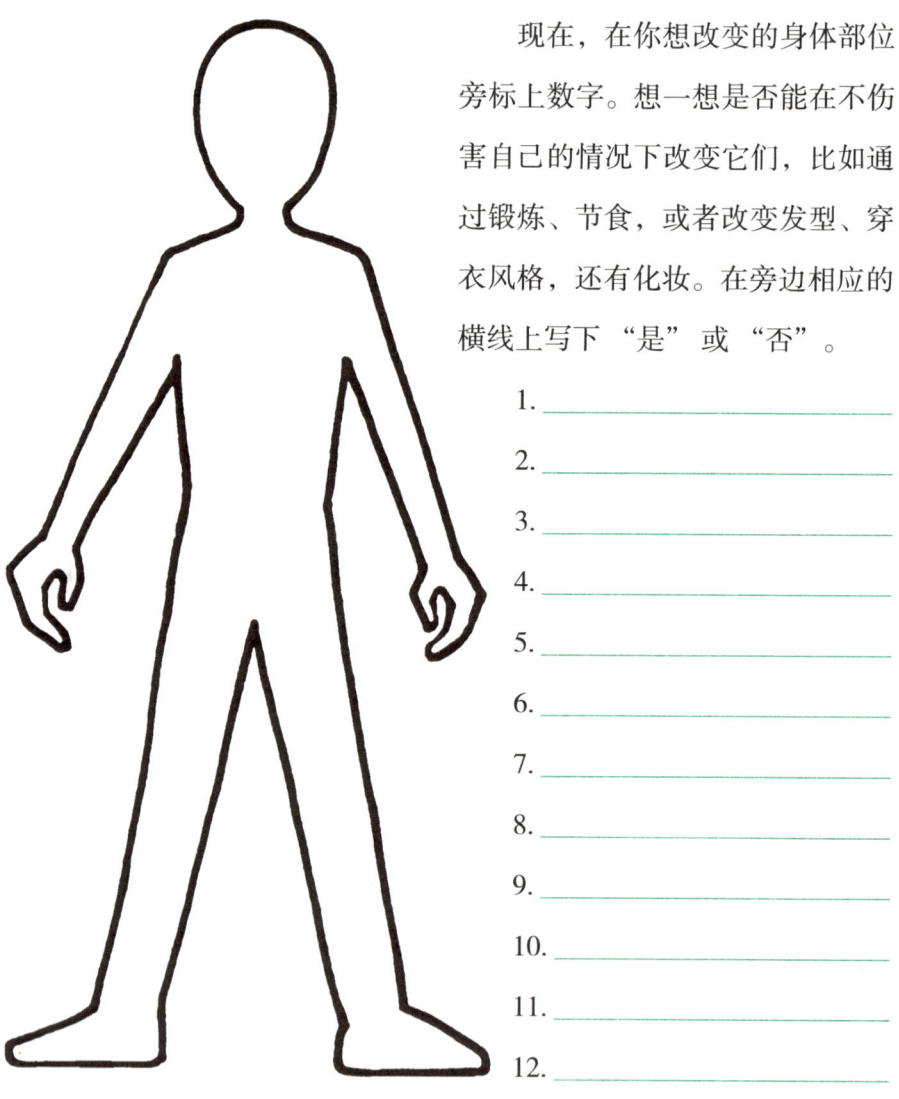

1. _____
2. _____
3. _____
4. _____
5. _____
6. _____
7. _____
8. _____
9. _____
10. _____
11. _____
12. _____

在下面表格的左边一栏中，列出你认为可以在不伤害自己的前提下改变的身体部位名称。在右边一栏中，用 1-10 来评估你改变这一身体部位的动力有多大，1 = "没有什么动力"，10 = "非常有动力"。

| 身体部位 | 我想改变的程度 |
|---|---|
|  |  |
|  |  |
|  |  |
|  |  |
|  |  |
|  |  |
|  |  |
|  |  |
|  |  |
|  |  |
|  |  |
|  |  |
|  |  |
|  |  |
|  |  |
|  |  |

最后，为你刚刚评分达到 6 分及以上的身体部位制定一个改变计划。想一想有谁能帮你完成这个计划，以及你该如何实施这个计划。你要知道，健康饮食和定期锻炼的确很难坚持，所以在这个过程中，你可能需要很多支持，并且要学习一些技巧来应对困难。（参见活动 28：应对压力）

| 活动 09 | CHAPTER 2 | 思考自我和自残 |

# 善待自己的身体

## 你需要知道

学会善待自己的身体，是你在自残康复之路上迈出的重要一步。每天只需花几分钟让你的身体感觉良好，就能改善你的情绪，让你以更健康的方式应对压力。

自残已经成为习惯后，是很难改掉的，但是你也能养成善待自己身体的习惯。这听起来不可思议，但同时拥有两种截然相反的习惯并非不可能。你可以这样做：在做那些伤害自己的事情同时，也做那些能让你的身体变得更美的事情。

希望你很快就会发现，善待自己的身体比伤害它更自然，更让你感到愉悦。

▶ **善待你的身体**

用圆圈圈出你认为对身体有益的方式。（只圈出你真的会做的事情）

- 按摩

- 泡泡浴

- 运动

- 护肤

- 冥想

- 修剪指甲

- 在海滩或其他可以放松的地方散步

- 其他：_____

_____

在下一页的表格中，写下你圈出的事情。由于养成一个新习惯大约需要一个月的时间，因此请至少复印四份表格。试着每天至少做两件事，做完后打"√"。这些让身体感觉更好的习惯，你养成得越多，就越能克服自残。

▶ **好习惯表格**

| 能让我的身体<br>感觉良好的事情 | 周一 | 周二 | 周三 | 周四 | 周五 | 周六 | 周日 |
|---|---|---|---|---|---|---|---|
|  |  |  |  |  |  |  |  |
|  |  |  |  |  |  |  |  |
|  |  |  |  |  |  |  |  |
|  |  |  |  |  |  |  |  |
|  |  |  |  |  |  |  |  |
|  |  |  |  |  |  |  |  |
|  |  |  |  |  |  |  |  |
|  |  |  |  |  |  |  |  |
|  |  |  |  |  |  |  |  |
|  |  |  |  |  |  |  |  |
|  |  |  |  |  |  |  |  |
|  |  |  |  |  |  |  |  |
|  |  |  |  |  |  |  |  |
|  |  |  |  |  |  |  |  |
|  |  |  |  |  |  |  |  |
|  |  |  |  |  |  |  |  |

活动 **10**

CHAPTER 2 | 思考自我和自残

# 理解自己为什么会自残

## 你需要知道

每个人都有不同的过往,每个人都有自残的原因。你越了解你自残的原因,就越有可能找到方法来解决它。

---

下面是一个自残的女孩的故事。读一读,然后想想你的个人经历。

在我十二岁左右时,我不小心用剪刀把自己弄伤了。当时我正准备用剪刀打开一个信封,然而剪刀一滑,在我的手臂上划出一道长长的口子,真疼啊。

几个月后,我参加了一个派对,可是女孩儿们都不理我,那个我视为挚友的女孩甚至都不跟我打招呼。我觉得自己像个幽灵一样,被所有人无视。

第二天,我问其中一个女孩为什么大家都不理我。她说因为我看起来像个怪胎,发型奇奇怪怪,而且还不穿校服。

我并不想成为一个怪胎,但我买不起女孩们都穿的校服。

这件事一直困扰着我。然后，我看到了桌子上的剪刀，想起那天我不小心割伤自己的事情。

如果你们都觉得我是个怪胎，那我就当个怪胎好了！于是我拿起剪刀，割伤了自己的胳膊。虽然很疼，但我就是喜欢疼痛的感觉，我喜欢看着自己流血。

我也尝试过停止自残，因为我知道这样干是不对的，有一段时间我的情况有所好转。但到了七八年级，我又开始了。

有时我想惩罚自己，就会在伤口上放一点盐。或者把牛奶、橙汁、盐和醋放进杯子里，盖上盖子，摇一摇，喝掉，然后我就吐了。除了割伤自己，这是我喜欢做的另一件事。我还曾经把牙刷插进喉咙，直到恶心得吐出来。

我本来想通过点蜡烛让自己平静下来，但最后忍不住把手指放到火苗上，直到被烫起水泡。后来情况越来越糟，我把所有人都拒之门外，只沉浸在自己的小世界里。我现在已经绝望了。

在学校的时候，如果我想自残，就用活页本上的铁丝割伤自己。有时，我会把双氧水涂在伤口上，看着它起泡。我还会咬舌头或口腔内侧，直到流血为止。

医生已经劝了我一段时间，我有一个月没自残了。

▶ **自残问卷**

● 你和故事中的女孩有哪些共同点?
　_____
　_____

● 你和故事中的女孩有哪些不同之处?
　_____
　_____

● 关于这个故事,你有哪些想法?
　_____
　_____

● 这个故事背后有什么启示吗?
　_____
　_____

● 如果故事中的女孩和你在一个学校,你会和她成为朋友吗?为什么?
　_____
　_____

活动 **11** | CHAPTER 2 | 思考自我和自残

# 你和其他自残的人一样吗？

## 你需要知道

青少年自残可能有不同的原因，但他们往往以一种相似的方式看待自己，看待世界，有相似的想法、感受，甚至相似的经历。

你和其他自残的青少年有相似之处吗？在下一页，你将看到一份问卷，请你完成它，得分越高，说明你们之间的相似度越高。

▶ 自残问卷

以下是自残者常说的话。请对每项陈述从 1 到 5 分打分，1 = "非常不同意"，5 = "非常同意"。

- 我对自己非常挑剔。_____
- 我对来自他人的拒绝非常敏感。_____
- 我几乎无时无刻不在生气，但我通常会忍着。_____
- 我知道这件事不应该做，但我很难控制自己。_____
- 我喜欢自己血液的颜色。_____
- 我很少考虑未来。_____
- 我几乎每天都很沮丧。_____
- 当我自残时，觉得自己像在演电影，有种不真实的感受。_____
- 我的童年很糟糕。_____
- 很多事情都让我担心和焦虑。_____
- 别人总是让我烦躁。_____
- 哪怕只有一点点压力，我也会崩溃。_____
- 我尽量避开让我心烦的人和环境。_____
- 我觉得没有人真正理解我。_____
- 我伤害自己，因为这让我有掌控感。_____

▶ **自我思考**

● 你认为自己与其他自残的青少年相似吗？如果是，哪里相似？

　

　

　

● 你认为自己与其他自残的青少年关键的不同之处有哪些？

　

　

　

● 你跟那些不自残的青少年相比有什么不同？

　

　

　

● 你所认识的人中，谁和你最像？为什么？

活动 12 | CHAPTER 2 | 思考自我和自残

# 聊一聊你的自残

## 你需要知道

想想你的自残是如何开始的，这有助于你了解它是如何成为你的一种习惯，也有助于心理咨询师更好地了解并帮助你。

现在是时候来正面聊一聊你的自残了。有些青少年愿意直接谈论这个话题，而对另一些青少年来说，他们会觉得开口聊这个非常困难。即使你不抗拒谈论自己的自残，也可以从这个练习中学到一些东西。

你可能会觉得这个练习有帮助，也可能相反，但它一定会帮助你的咨询师了解你的自残。

▶ **关于你自残的事实**

● 你开始自残时是几岁？＿＿＿＿＿＿＿＿＿＿＿＿＿＿＿＿

● 请描述你记忆中第一次故意伤害自己是什么时候。＿＿＿＿＿＿

- 你自残的频率是多少? _____

- 你用什么伤害自己? _____
  _____

- 你会伤害身体的哪些部位? _____
  _____

- 在自残前、自残时和自残后,你有什么感觉? _____
  _____

- 你曾经尝试过停止自残吗? 说说当时的情况。_____
  _____

- 有谁知道你会自残? _____

- 什么样的情况会让你想要自残? _____
  _____

- 你会做哪些事情来停止自残? _____
  _____

- 你认为自己什么时候可以完全停止自残? _____

▶ **自我思考**

● 你觉得以上哪些问题很难回答?
___
___
___

● 这些问题给你带来了什么感受?
___
___
___

● 关于你的自残,你还有什么想说的吗?(你可以在下面的横线上写下那些在本活动中没有被问到的,有关你自残的内容。)
___
___
___

| 活动 | CHAPTER 2 | 思考自我和自残

# 13 不要给自己贴上"自残"的标签

## 你需要知道

对所有人来说，一旦生活中出现问题，这些问题好像就成了生活的全部。但人是复杂的，除了这些问题，我们还有更多值得关心、关注的事情，而当你把目光转向其他时，可能更容易停止伤害自己。

我们往往喜欢用单一的角度来看待他人，并根据他们身上最明显的特征进行分类。比如你认识的某个人是聋人，个子特别高或特别矮，或者有口吃。但如果你进一步去了解他，就会发现这只是他的一个小特征。

那么，你是谁呢？让我们暂时忘掉自残，来填写下一页的问卷，展示你的其他方面。你会发现这份问卷侧重于你积极的方面和感受。研究表明，更积极的思考和更乐观的心态是康复的重点。

▶ **关于我自己**

我的身高是_____

我的体重是_____

我在学校最喜欢的科目是_____

我最喜欢的老师是_____

我最喜欢的电视节目是_____

我最喜欢的电影是_____

我最喜欢的书是_____

我最想去的地方是_____

我的家庭最让我喜欢的一点是_____

我的至友最让我喜欢的一点是_____

我最喜欢的运动是_____

我的一项爱好是_____

我最好的品质是_____

▶ **自我思考**

写下 5 件你生活中发生的积极的事情。

1. _____
   _____
   _____

2. _____
   _____
   _____

3. _____
   _____
   _____

4. _____
   _____
   _____

5. _____
   _____
   _____

> 活动
> # 14

CHAPTER 2 | 思考自我和自残

# 理解自己的感受

## 你需要知道

你对自己的感受了解得越多,才能找到更好的方法来解决你的问题。

我们的感受有时候很好理解,比如有人夸奖你,你可能会感到高兴;如果有人对你不礼貌,你可能会生气;如果你关心的人有困难,你可能会担心或难过。但有时候,我们的感受来得莫名其妙。比如,在一个春光明媚的日子里,尽管什么事都没发生,你也可能会感到沮丧;或者一觉醒来,你可能会感到莫名的愤怒和烦躁。

我们的情绪似乎是有生命的。如果你静下心来思考一下自己的感受,往往会发现其中的规律。大多数青少年说,他们伤害自己是为了控制那些令自己苦恼的情绪。想要克服自残就要学会理解自己的所有感受,并找到更好的方法来应对那些让你心烦意乱的感受。

在这项活动中,你将思考自己可能产生的所有感受,并探寻哪些感受是你常有的。

▶ **你主要的感受是什么？**

从下面的内容中可以看出，人类能够产生数百种不同的感受。我们大多数人一天中通常会有10到12种感受。请在下面圈出你常有的感受。

被遗弃、被虐待、被接受、被指责、被赞美、喜欢冒险、多情、被肯定、害怕、被惹怒、激进、被煽动、惊恐、被疏远、充满活力、孤独、矛盾、生气、烦恼、仇恨、焦虑、冷漠、被欣赏、忐忑不安、傲慢、羞愧、坚定、被攻击、迷人、充满敬畏、尴尬

平衡、狼狈、好斗、背叛、困惑、痛苦、自责、无聊、烦恼、被窃听、焦灼

能胜任、被关心、刻薄、懊恼、被质疑、被欺骗、封闭、舒适、得到安慰、悲悯、有能力、得意、妥协、关心、自信、迷茫、掌控感、失控、有创造力、残酷、被压垮、好奇、被隔绝

上当、被打败、自卫、蔑视、堕落、沮丧、高兴、值的、渴望、绝望、一蹶不振、肮脏、失望、不满、厌恶、幻灭、沮丧、疏远、扭曲、分心、苦恼、不安、被支配、跋扈、枯竭、可怕、麻木的、无语

急切、紧张、兴高采烈、狼狈、空虚、濒危、愤怒、热情、羡慕、气愤、筋疲力尽、亢奋、被利用、暴躁、无保护的

像个失败者、肥胖、疲劳、恐惧、厮杀、彷徨、被愚弄、被原谅、被遗忘、犯规、自由、友好、恐惧、沮丧

疼痛、慷慨、真诚、有天赋、亲切、感激、满足、贪婪、脾气暴躁、内疚

快乐、憎恨、治愈、沉重、无助、充满希望、绝望、有意的、受伤、

亢奋、虚伪

被忽视、动弹不得、不耐烦、无能、信心不足、不称职、可控的、优柔寡断、独立、冷漠、气愤、自卑、被激怒、受抑制、受伤、缺乏安全感、恼火、烦躁、被孤立、合群的、热情、亲密、受惊、非理性、烦躁

嫉妒、快乐、评判、吹毛求疵

自由、轻松、受限、孤独、迷失、可爱、被爱、忠诚

疯狂、被操纵、忧郁、恼怒、孤陋寡闻、被误解

赤身裸体、贫困、被忽视、讨厌

尽职的、被冒犯、乐观、被忽视、超负荷、不知所措

痛苦、恐慌、偏执、热情、安宁、被迫害、担心、悲观、做作、恼火、贪玩、高兴、着魔、占有欲、强大、无力、矫揉造作、心事重重、压力、不愿吐露心声、爱护、骄傲、挑衅、被惩罚、坚决、释怀、不安、不解

充满怒气、暴躁、安心、被拒绝、愤慨、可靠的、敏感、受克制的、敬畏、被奖励的、顽固

悲伤、凄惨、替罪羊、害怕、隐秘、安全感、激动、自私、感性、不坚定、羞愧、震惊、害羞、生病、真诚、有罪、窒息、被玷污、悲伤、率真、怀恨、有压力、坚强、固执、愚蠢、屈从、优越、被支持、怀疑、同情

敏感、惊恐、被威胁、生气、疲惫、宽容、忍耐、受创、宁静、得意、信任、信赖、厌恶

丑陋、无能、不被欣赏、不平衡、不确定、被理解、不满足、不快乐、独特、讨人嫌、不被爱、无准备、心烦意乱、反应迟钝、紧张、被利用、

有用、无用

有价值、报复心重、恶毒的、无辜、怀恨在心、暴力倾向、脆弱

温暖、软弱、疲惫、完整、退缩、美好、疲惫、无价值、向往

古怪、热心

在此处写下其他感受：_____

_____

_____

▶ **自我思考**

● 你对自己圈出的感受惊讶吗?

_____
_____
_____

● 再次阅读上面的清单,在你以前有但现在很少有的感受下面画横线。为什么会发生这样的改变?

_____
_____
_____

● 你最常有的三种感受是什么?

_____
_____
_____

● 你所圈出的积极感受,是在什么情况下出现的?请描述一下。

_____
_____
_____

| 活动 15 | CHAPTER 2 | 思考自我和自残

# 你的感受从何而来？

## 你需要知道

你的感受和行为通常有一定的规律。理解自己何时会产生苦恼的情绪以及如何应对这些情绪，有助于更好地了解自己的自残行为。尤其是当我们了解到是什么触发了你的积极情绪，就能知道如何来保持更好的心情。

苦恼情绪和积极情绪的产生都有可预见的原因。它们可能由外部事件引发，比如你认识的人对你发脾气，也可能由内心的想法或回忆引发。我们认为理所当然的事情也会影响情绪，比如天气、季节、一天中的某个时刻、你吃的食物、睡眠时长和运动量等。

虽然你不可能完全控制自己的感觉，但可以学会更好地管理自己的感受，更有效地应对痛苦，更积极地面对生活。

这项活动将帮助你确定你常有的感受，并全天对它们进行实时追踪。

▶ 你一天中的感受

在右边的表格中,以小时为单位写出你在清醒时的感受。表格涵盖 24 小时,因为有些人起得早,有些人睡得晚。你睡觉的时间就不用填了。

参考你在活动 14:理解自己的感受中圈出的感受,尽可能具体地确定你的感受。给每种感受的强烈程度打分,1 = "不是很强烈的感受",10 = "非常强烈的感受"。然后写出你有这种感受时在做什么。

| 时间 | 感受 | 感受程度 | 你在做什么 |
|---|---|---|---|
| 上午 6 点 | | | |
| 上午 7 点 | | | |
| 上午 8 点 | | | |
| 上午 9 点 | | | |
| 上午 10 点 | | | |
| 上午 11 点 | | | |
| 上午 12 点 | | | |
| 下午 1 点 | | | |
| 下午 2 点 | | | |
| 下午 3 点 | | | |
| 下午 4 点 | | | |
| 下午 5 点 | | | |
| 下午 6 点 | | | |
| 晚上 7 点 | | | |
| 晚上 8 点 | | | |
| 晚上 9 点 | | | |
| 晚上 10 点 | | | |
| 晚上 11 点 | | | |
| 晚上 12 点 | | | |
| 凌晨 1 点 | | | |
| 凌晨 2 点 | | | |
| 凌晨 3 点 | | | |
| 凌晨 4 点 | | | |
| 凌晨 5 点 | | | |

完成表格后，请回答下一页的问题。

- 你对自己的感受有了哪些了解？

- 你最经常有哪些感受？

- 哪种感受最强烈？

- 是否有特定事件总能触发你积极的情绪？

- 是否有特定事件总能触发你不愉快的情绪？

- 想想你填写的一天是否有代表性。如果不是，你可能需要重新填写表格。

活动 16　CHAPTER 2 ｜ 思考自我和自残

# 错误的思维方式会导致无助和绝望

## 你需要知道

你的感受与你的想法有很大关系。如果你的人生观消极、悲观，你看待事物的方式往往也是消极、悲观的，会选择性地忽视那些积极、乐观的事情。一旦你改变了自己的思维方式，就能从更积极的角度看待生活，从而让自己有更好的感受。

治疗师认为大多数情绪问题是由错误的自动思维造成的。这些自动思维之所以是错误的，是因为它们并不基于事实，而是基于你对事物的错误认知和偏见。

治疗师认为，有十种错误的自动思维会导致情绪障碍。它们是：

1. 全或无的思维：你认为事物是非黑即白的。如果表现不够完美，就会认为自己是个彻底的失败者。

2. 过度概括：一次失败就完全否定自己。

3. 心理过滤：执着于某个负面的细节，就像一滴墨水玷污了整杯水一样，让你觉得现实的一切都黯淡无光。

4. 否定积极的体验：拒绝积极的体验，找各种各样的理由否定它的价值。这样一来，你就一直沉浸在自己对世界的消极看法里。

5. 妄下结论：即使没有确凿的事实支持你的结论，你也会通过以下的方式做出消极的解释：

A. 读心术：武断地判定某人对你有负面的看法，却懒得去验证你的结论。

B. 先入为主：预料事情的结果会很糟糕，并坚信自己的预见是既定事实。

6. 夸大或轻视：夸大某件事的重要性，比如你的错误或别人的成就；或者你会轻视某件事，觉得它微不足道，比如你自己的优点或别人的不完美。这也被称为"望远镜效应"。

7. 情绪推理：认为自己的负面情绪必然反映了某种事实："我感觉到了，所以它一定是真的。"

8. "应该"型表述：试图用"应该"和"不应该"来激励自己，就好像你必须先受到惩罚才能有所行动一样。然而，"必须"和"应该"常常是你感到内疚的罪魁祸首。

9. 贴标签和误贴标签：这是一种过度的概括。你不是在描述自己的错误，而是给自己贴上负面的标签，比如"我是个失败者"，或者当别人的行为让你不爽时，你会给他贴上"他是个白痴"的标签。

10. 自我归因：认为自己是某些负面事件的罪魁祸首，然而事实并非如此。

下一页的练习可以帮助你识别自残者常见的错误自动思维。

▶ **学会识别自残者的错误想法**

这些是许多自残者常见的错误想法,请在表格的右边一栏中写出每种想法背后的错误思维类型,有些可能包含不止一种错误思维类型。

| 自动化想法 | 错误思维的类型 |
| --- | --- |
| 没有人理解我的感受 | 全有或全无的思维 |
| 只有伤害自己,我才能控制自己的情绪 | |
| 我应该被伤害 | |
| 我是个怪胎,所以我要表现得像个怪胎一样 | |
| 当我伤害自己时,我觉得自己还活着 | |
| 我伤害了自己,便不会伤害到别人 | |
| 我很胖或很丑,自残是我讨厌自己身体的表现 | |
| 疼痛的感觉很好 | |
| 我喜欢身上有血的样子和感觉 | |
| 自残是报复父母的最好方式 | |
| 我身上的疤痕能让我看到自己糟糕的过往 | |
| 割伤自己就和打孔或文身一样 | |
| 在许多文化中,人们都把身体上的标记视为一种骄傲。这没什么大不了的 | |
| 相比于呕吐或其他让我难受的事情,自残让我感受更好 | |
| 自残只是一种坏习惯,就像吸烟一样,如果我想戒掉,我也可以戒掉 | |
| 我认识很多自残的人,他们都是非常正常的孩子,学习成绩也很好 | |
| 我读过很多名人的故事,他们伤害过自己,却依然变得富有和成功 | |
| 自残和我小时候受伤的经历没什么区别 | |

| 活动 | CHAPTER 2 | 思考自我和自残 |

# 17 | 纠正错误的"自动思维"

## 你需要知道

心理咨询师和治疗师认为，大多数情绪问题都是由非理性想法和错误的自动思维方式造成的。非理性想法是指我们不是基于事实去思考，而是基于错误的认识和观念。重要的是，这些非理性想法往往会随着时间的推移而变成一种自动思维。

非理性想法也被称为"自动思维"，因为它们会在一瞬间出现，由某种情况、某个人甚至某段记忆触发。治疗师认为，如果你能改变这种想法，就能改变你的感觉甚至行为。

要想"抓住"这种自动化想法并将其转变为与事实相一致的想法，需要大量的练习，但掌握这个技巧将是你在康复道路上迈出的重要一步，并有利于你将这项技能应用到生活的许多方面。

在这个活动中，你将学会思考你的自动思维：它们是如何产生的，以及如何用更基于事实的想法来取代它们。根据以下说明填写第 65 页的表格。

- 写下引发消极想法的情况。

- 确定你在这种情况下的情绪。

- 写下你感受到这种情绪时的自动思维。

- 找出支持这些自动思维的证据。

- 找出与自动思维相矛盾的证据。

- 观察你现在的情绪,并思考你将要做什么。

| 情况（诱因） | 你的感受 | 自动思维 | 支持这些想法的证据 | 与这些想法相矛盾的证据 | 现在的心情 |
| --- | --- | --- | --- | --- | --- |
|  |  |  |  |  |  |
|  |  |  |  |  |  |
|  |  |  |  |  |  |
|  |  |  |  |  |  |
|  |  |  |  |  |  |
|  |  |  |  |  |  |
|  |  |  |  |  |  |
|  |  |  |  |  |  |

▶ **自我思考**

● 你最常有的一种自动思维是什么?
_____
_____
_____

● 你最不合逻辑、最不真实的想法是什么?
_____
_____
_____

● 哪些自动思维会在你伤害自己之前出现?
_____
_____
_____

● 你认为哪些自动思维最容易改变?
_____
_____
_____

活动 18 | CHAPTER 2 | 思考自我和自残

# 做让自己快乐的事情

## 你需要知道

当你情绪低落或对生活感到绝望时，可能会停止做自己喜欢的事情，从而让你感到更加沮丧。这是一种加剧自我挫败感的恶性循环，你必须设法打破这种循环。

"快感缺失"是指无法从通常会让你快乐的事情中找到乐趣。它来自希腊语 hedon，与享乐主义相反，享乐主义哲学认为快乐是人生的首要目的。

在日常生活中寻找快乐是你走向康复道路上的重要一步。虽然这看起来好像很简单，很理所当然，但做起来可能并非你想象的那般容易。

在下一页，你将看到一份会让大多数青少年感到快乐的活动清单。当你阅读这份清单时，请想一想这些年来你对这些活动的想法和感受是否发生了变化。第 69 页上的图表可以帮助你记录一周内做了多少项令你愉悦的活动。

▶ **快乐活动清单**

勾选以下你喜欢或曾经喜欢的活动。请尽可能多地写出你能想到的其他快乐的活动：

- 看电影_____

- 聚会_____

- 运动_____

- 上网_____

- 逛书店_____

- 购物_____

- 阅读_____

- 听音乐_____

- 弹奏音乐_____

- 徒步旅行_____

- 骑自行车_____

_____

_____

▶ **能够增加你快乐的活动**

在下表中填写至少 5 项你曾经喜欢的活动。将此表复印 3 份，使用 4 周。看看一周内你能做多少项快乐的活动。每次做完一项，就在上面打"✓"。在每个"✓"旁写上数字，表示你对该活动的喜爱程度，1 = "完全不喜欢"，10 = "非常喜欢"。然后计算每天的得分和一周结束时的总分。

| 活动 | 周一 | 周二 | 周三 | 周四 | 周五 | 周六 | 周日 |
|---|---|---|---|---|---|---|---|
|  |  |  |  |  |  |  |  |
|  |  |  |  |  |  |  |  |
|  |  |  |  |  |  |  |  |
|  |  |  |  |  |  |  |  |
|  |  |  |  |  |  |  |  |
|  |  |  |  |  |  |  |  |
| 总分 |  |  |  |  |  |  |  |

每周总分_____

看看每周能否增加快乐活动的数量，以及你对每项活动的喜爱程度是否有变化。

▶ **自我思考**

● 在你认识的人中,有没有一个你喜欢跟他一起做快乐的活动的人?你能花更多的时间和那个人在一起吗?

　
　
　

● 有什么快乐的活动是你每天都可以做的?

　
　
　

● 是否有一种活动能立即让你快乐起来?

　
　
　

● 是什么阻碍了你做这些快乐的活动?

活动 19 | CHAPTER 2 | 思考自我和自残

# 远离那些可能用来伤害自己的东西

## 你需要知道

当你准备好停止自残时，需要远离那些可以用来伤害自己的东西。

如果你想戒烟，那么肯定不希望身边有香烟。如果你正在努力养成健康的饮食习惯，就不希望厨房里堆满冰淇淋、饼干等高热量的零食。同样，如果你有伤害自己的习惯，那么你就要远离那些常用来伤害自己的东西。

当然，我们不可能避开所有可能用来伤害自己的东西。但大多数自残的青少年每次都会使用同样的工具，所以你可以努力远离剪刀、火柴或刀片等物品。这也是你康复道路上的重要一步。

把你用来自残的物品列一个清单,记下每个东西现在在哪里,以及你准备把它放在哪里,以确保你想伤害自己时,它不在你周围。虽然某些你常用的物品很难避开,但你仍然可以避免让它们唾手可得。

| 你用来伤害自己的物品 | 它们现在在哪里 | 把它放在一个<br>你比较难拿到的地方 |
|---|---|---|
|  |  |  |
|  |  |  |
|  |  |  |
|  |  |  |
|  |  |  |
|  |  |  |
|  |  |  |
|  |  |  |

▶ **自我思考**

● 把这些伤害自己的物品收起来有困难吗？是什么样的困难？

_____
_____
_____

● 谁能帮助你远离那些物品？尽可能多想一些。

_____
_____
_____

● 当你想伤害自己时，脑海中会闪过哪些想法？请在下面列出。

_____
_____
_____

当你有伤害自己的冲动时，尽可能久地控制它，看看需要多长时间这种冲动才会消失。在下面的空白处，每5分钟给冲动的强度打一次分，5 = "我几乎无法控制伤害自己的冲动"，1 = "没什么冲动"。

| 分钟 | 给你的冲动打分 |
| --- | --- |
| 5 | |
| 10 | |
| 15 | |
| 20 | |
| 25 | |
| 30 | |
| 35 | |
| 40 | |
| 45 | |

活动 20 | CHAPTER 2 | 思考自我和自残

# 寻找替代活动

## 你需要知道

许多青少年发现，如果他们做一些其他的活动，就能克制伤害自己的冲动，心理学家称这些活动为"替代活动"。你可以找到一项替代活动，让你不那么想自残，然后持续进行这项活动，直到你自残的冲动消失为止。

减少自残的最佳方法是在你经常伤害自己的时间和地点去做另一项活动。即使在你没有自残冲动的时候，也应该尝试每周做几次这些替代活动。而当你有冲动时，应立即开始一项替代活动。

一些青少年认为这些活动可以帮助他们避免伤害自己：

- 写日记：写下自己的感受有助于让你更清楚地看到自己的问题。

- 放松技巧：放松的方法有很多，比如做瑜伽、散步、听安静的音乐，还有冥想，专注于自己的呼吸，想想让你平静、愉快的事情。

- 音乐和舞蹈：聆听自己喜欢的音乐、唱歌或跳舞都能让人放松，让积压的情绪得到宣泄。

- 艺术：绘画、素描或制作黏土都能起到很好的疗愈作用。

- 阅读：阅读一本好书可以很好地转移你对自残的注意力。

- 运动：任何形式的运动都能帮助你转移对自残的注意力，而且运动本身也是有益健康的，哪怕只是简单地散散步。

- 园艺：园艺可以让一些人放松身心。即使在冬天，你也可以在室内有一个小花园。

- 芳香疗法：许多人认为芳香疗法是缓解压力和减轻焦虑的有效方法。有一些DIY工具包可以设计属于自己的芳香蜡烛和香水。

- 清理衣橱或整理办公桌。

- 上网：许多青少年通过互联网与认识的或不认识的他人交流。为了让这项活动起到替代作用，需要避免浏览自残的网站及话题。要时刻警惕有些人会利用互联网来伤害青少年，千万不要向陌生人透露自己的姓名、电话、地址或其他个人信息。

▶ **你的替代活动效果如何?**

在下表中,记录你在进行替代活动时的感受。用 1 到 5 给每项活动打分,1 = "无效",5 = "非常有效"。

| 替代活动 | 成功等级 |
|---|---|
|  |  |
|  |  |
|  |  |
|  |  |
|  |  |
|  |  |
|  |  |
|  |  |

▶ **自我思考**

● 是否有你曾经喜欢但现在已经不做了的活动？你能重新开始这些活动吗？

_____

_____

● 大多数活动一起做会更有趣，请列出可以与你一起进行替代活动的三个人。

_____

_____

● 你最有可能进行哪项替代活动？有没有什么障碍？

_____

_____

● 有些青少年会模仿他们自残的习惯来进行替代活动。例如，他们虽然不会割伤自己，但会用红色记号笔在身上画画。另一些青少年认为这类活动只会让他们想到自残，并没有什么实际帮助。你怎么看？

_____

_____

# CHAPTER 3 与他人建立联系

许多青少年之所以进行自残，是因为他们感到孤独、被误解、无力让自己感觉好起来。与其他青少年或成年人建立人际关系将是你康复的关键。

　　在本章中，你将学习如何通过交流自己的感受、问题和需求来与他人建立联系。这是你每天都需要考虑的事情。

　　当然，谈论自残与谈论你生活中的其他事物有着很大不同，正如你所知道的那样，有些人听到你谈论自残会觉得很难受，他们的反应可能会让你感到不快。希望本章中的活动能让你更容易跟他人开口聊自残，并且获得你所需要的支持。

活动 21 | CHAPTER 3 | 与他人建立联系

# 与他人谈论真实的自我

## 你需要知道

一旦你开始谈论自残,可能会发现自己有很多话要说。但你一定要记住,自残是一种行为,是你所做的事情,它并不是你的本质。你是谁,你的个性,是由你的感受、兴趣、好恶、恐惧、希望、梦想以及你的经历组成的。

有些青少年说,他们自残是因为不喜欢自己,他们可能不快乐、感到孤独,或者不喜欢自己的外表,或者他们的家庭中或朋友之间发生了一些刻骨铭心的坏事。

大多数时候,如果你能和关心你的人谈谈你自己,会感觉好一些。希望你能找到一位你信任的心理咨询师或治疗师。心理咨询师受过专业训练,可以帮助你倾诉自己的感受并理清这些感受,当然你认识的其他人也可能做到这一点。

在敞开心扉倾诉之前,你必须信任与你交谈的人。在开始这项活动之前,你可能需要复习活动 01:你所说的都将保密,以及活动 02:自残可以不是秘密。

对大多数人来说，不要说谈论自残，哪怕谈论内心的想法和感受就已经是一件困难的事了。但是，一旦你开始谈论自己的感受，很可能会感觉更好。

在这个活动中，你首先要列出除了你的治疗师之外，其他你认为可以交流沟通的人。然后，你可以思考一下名单上谁是最值得信任、可以帮助你解决自残问题的人。最后，你将看到一个表格，它会帮助你向这些人解释他们可以怎样来帮助你。

▶ **你可以与谁交谈？**

想想有哪些关心你并可以与你交谈的人，列在下面：

1. _____

2. _____

3. _____

4. _____

5. _____

6. _____

7. _____

8. _____

9. _____

10. _____

名单上的所有人构成了你的支持系统，他们支持你的感受，并致力于帮助你变得更快乐。当然支持你并不意味着总会同意你的观点，但确实意味着他们非常关心、尊重你。

现在，从你的名单中选择三个你最愿意跟他谈论自己想法和感受的人。这些人构成你的主要支持系统。想一想如何与他们加强联系，以及他们如何才能更好地帮助你，给予你所需要的支持。

**联系人 1**

姓名_____

电话号码_____

最佳通话时间_____

我可以在紧急情况下给他打电话吗？　可以　不可以

我能在深夜打电话吗？　可以　不可以

我可以只是聊聊天吗？　可以　不可以

我希望他总是_____

关于这个人的其他内容：_____

_____

_____

_____

_____

**联系人 2**

姓名＿＿＿＿＿＿＿＿＿＿＿＿＿＿＿＿＿＿＿＿＿＿

电话号码＿＿＿＿＿＿＿＿＿＿＿＿＿＿＿＿＿＿＿＿

最佳通话时间＿＿＿＿＿＿＿＿＿＿＿＿＿＿＿＿＿＿

我可以在紧急情况下给他打电话吗？　可以　不可以

我能在深夜打电话吗？　可以　不可以

我可以只是聊聊天吗？　可以　不可以

我希望他总是＿＿＿＿＿＿＿＿＿＿＿＿＿＿＿＿＿＿

关于这个人的其他内容：＿＿＿＿＿＿＿＿＿＿＿＿＿

＿＿＿＿＿＿＿＿＿＿＿＿＿＿＿＿＿＿＿＿＿＿＿＿

＿＿＿＿＿＿＿＿＿＿＿＿＿＿＿＿＿＿＿＿＿＿＿＿

＿＿＿＿＿＿＿＿＿＿＿＿＿＿＿＿＿＿＿＿＿＿＿＿

＿＿＿＿＿＿＿＿＿＿＿＿＿＿＿＿＿＿＿＿＿＿＿＿

＿＿＿＿＿＿＿＿＿＿＿＿＿＿＿＿＿＿＿＿＿＿＿＿

**联系人 3**

姓名

电话号码

最佳通话时间

我可以在紧急情况下给他打电话吗？　可以　不可以

我能在深夜打电话吗？　可以　不可以

我可以只是聊聊天吗？　可以　不可以

我希望他总是

关于这个人的其他内容：

你可以使用下面的表格来让他人提供你需要的支持。填好表格后，与支持系统中的人讨论，也可以将表格直接交给他们作为指导。需要提醒你的是，每个人都不可能完全按照你的意愿来行事。即便这样，这个活动依然可以帮助你思考你需要什么样的支持。

▶ **如何帮助我**

我最需要你做的事情是＿＿＿＿＿＿＿＿＿＿＿＿＿＿＿＿＿＿＿＿＿
＿＿＿＿＿＿＿＿＿＿＿＿＿＿＿＿＿＿＿＿＿＿＿＿＿＿＿＿＿＿＿

我不希望你做的事情是＿＿＿＿＿＿＿＿＿＿＿＿＿＿＿＿＿＿＿＿＿
＿＿＿＿＿＿＿＿＿＿＿＿＿＿＿＿＿＿＿＿＿＿＿＿＿＿＿＿＿＿＿

我希望每周至少与你交谈＿＿＿＿＿＿次。
最好的谈话地点是＿＿＿＿＿＿＿＿＿＿＿＿＿＿＿＿＿＿＿＿＿＿
我想听听你的想法，但我不希望你＿＿＿＿＿＿＿＿＿＿＿＿＿＿＿
＿＿＿＿＿＿＿＿＿＿＿＿＿＿＿＿＿＿＿＿＿＿＿＿＿＿＿＿＿＿＿

当我告诉你一些难以启齿的事情时，我希望你能＿＿＿＿＿＿＿＿＿
＿＿＿＿＿＿＿＿＿＿＿＿＿＿＿＿＿＿＿＿＿＿＿＿＿＿＿＿＿＿＿

你能帮我做的其他事情有＿＿＿＿＿＿＿＿＿＿＿＿＿＿＿＿＿＿＿
＿＿＿＿＿＿＿＿＿＿＿＿＿＿＿＿＿＿＿＿＿＿＿＿＿＿＿＿＿＿＿
＿＿＿＿＿＿＿＿＿＿＿＿＿＿＿＿＿＿＿＿＿＿＿＿＿＿＿＿＿＿＿
＿＿＿＿＿＿＿＿＿＿＿＿＿＿＿＿＿＿＿＿＿＿＿＿＿＿＿＿＿＿＿
＿＿＿＿＿＿＿＿＿＿＿＿＿＿＿＿＿＿＿＿＿＿＿＿＿＿＿＿＿＿＿

▶ **自我思考**

● 说出一个你认识的、能真正理解你难过感受的人。
_____

● 你为什么在这个问题上如此信任他？
_____
_____
_____

● 有没有这样一个人，如果你向他寻求过帮助，将来他也许会给予你更多的支持？
_____
_____
_____

● 当你想要寻求帮助时，遇到过怎样的阻碍？
_____
_____
_____

活动 22 | CHAPTER 3 | 与他人建立联系

# 告诉父母你的感受

## 你需要知道

大多数自残的青少年（以及没有自残行为的青少年）都说他们感到孤独，没有人真正理解他们的感受。许多青少年认为他们的父母很冷漠，从不关心他们的内在想法。其实大多数父母都非常关心他们的孩子，只是往往不知道如何说正确的话，如何去做正确的事情。

虽然父母和孩子很难认同对方的观点，但尝试保持沟通是很重要的。哪怕双方在很多方面意见不一致，但只要努力，通常可以找到妥协的办法来求同存异。

自残的青少年需要父母的支持，告诉父母你的感受非常重要。本活动让你通过简单的填空向父母倾诉你的感受。你不必填写所有的句子，想填哪个填哪个。

最后，是否把这封信给父母看取决于你自己。你还可以选择与父母一起做家庭咨询，这也是另一种与父母交流的方式。即使你做不到，完全不想告诉父母自己的感受，仍应牢记以下原则：当你向他人倾诉自己的感受时，更有可能获得所需的支持。

▶ **给父母的一封信**

亲爱的 _____

　　我写这封信是想让您更多地了解我。

　　让我非常开心的一件事是 _____。

　　让我非常难过的一件事是 _____。

　　困扰我很久的一件事是 _____。

　　如果您 _____，

我想会对我有帮助。

　　我希望在生活中能改变的一件事是 _____。

　　您可以通过 _____ 帮助我实现这个愿望。

　　我最信任的人是 _____。

　　我希望您永远不会对我说的一句话是 _____

_____。

　　我希望您常对我说的一句话是 _____

_____。

　　此外，我还希望您知道 _____

_____

_____。

　　告诉您我的感受对我有很大的帮助，尽管您也许一时很难理解我的感受，但我仍希望您能尝试着去接受它。

爱您的 _____

▶ **自我思考**

● 说一说你的父母非常理解你、支持你的经历。

●  你觉得什么时候最适合与父亲聊天？为什么？

● 你觉得什么时候最适合与母亲聊天？为什么？

● 你还有其他可以倾诉，并能向他们寻求帮助的成年家族成员吗？

| 活动 | CHAPTER 3 | 与他人建立联系 |

# 23 告诉父母他们应该怎么说

## 你需要知道

所有青少年都会抱怨父母的言行让他们抓狂。很多时候父母并非故意，但他们所说的、所做的确实会给你带来非常不好的感受。世上没有完美的父母，当你与父母多多沟通时，他们就有更多的机会说对你有帮助的话，做对你有帮助的事。

每个人都有一些让自己恼火的问题。许多青少年抱怨父母总在错误的时间说错误的话；而父母们则抱怨他们的孩子很难沟通，每当他们想要好好聊一聊时，孩子往往会摔门而出。与父母进行开诚布公的对话并不容易，尤其是当你们之间有误解时，但这是值得努力的。如果你觉得父母没有真正地为你着想，也可以找其他家庭成员，甚至是家人的朋友，跟他们聊一聊。

许多青少年都从家庭治疗，或让父母来参与几次自己的心理治疗中受益。在治疗过程中，有心理咨询师的支持，原本很难开口对父母说的话，往往没那么困难了。此外，心理咨询师还可以充当调解人的角色，帮助你和父母相互妥协，找到更好的沟通方式。

在下一页，你要思考希望父母如何回应你的自残行为，请如实填写。有必要的话，和你的治疗师讨论一下是否要把这份清单给父母看。你的父母可能也需要一些支持和咨询来帮助他们以最好的方式回应你。父母也有难处，不是每个父母都能如他们孩子所愿。但是，如果你的父母能试着理解你，同时你也能试着理解他们，那这就是一个良好的开端。

▶ **你希望父母如何回应你的自残?**

完成下面的内容。然后补充 5 件你觉得父母应该知道的,关于你希望他们如何回应你的事情。

如果您看到我新的伤疤或自残的迹象,我希望您_____
_____
_____
_____
_____

如果老师问起我的自残行为,我希望您_____
_____
_____
_____
_____

如果其他家族成员问起我自残的事情,我希望您_____
_____
_____
_____
_____

如果我看起来悲伤难过，我希望您

如果我看起来很生气，我希望您能

以下是您可以帮助我的其他事情：

▶ **自我思考**

- 说一次你与父母或其他成年人愉快交谈的经历。

- 你觉得自己会接受父母的意见吗?

- 什么事情会让你的母亲生气?

- 什么事情会让你的父亲生气?

- 一周中哪个时间段最适合与父母中的一方或双方好好谈谈?

- 什么地点(如家中的房间、餐厅、公园)最适合与父母中的一方或双方进行愉快的交谈?

CHAPTER 4

战胜自残

在本章中，你将学习到一些技巧，它们将帮助你消除或缓解那些导致自残的痛苦情绪。

人的一生中难免会感到痛苦，这是大家都不得不接受的事情。但随着你向康复迈进，会发现自己更有能力去处理问题，也会找到更好的方法来应对难熬的情绪。当然，首先你应该停止去做某些只会让你的问题变得更糟的事情。

从任何成瘾行为中恢复过来都需要很长的时间，也许要花上几年，你才能摆脱自残这个问题。但是，当下你所迈出的每一步都能减轻你的精神负担，让你的旅程更加轻松。

最重要的是，当你战胜自残时，你将会开始感受到更多的快乐。虽然没有人能一直快乐，但当你学会处理那些导致自残的问题时，你将会收获越来越多感到安全、平静和自信的时刻。

| 活动 | CHAPTER 4 | 战胜自残 |

# 24 找一个"安全屋"

## 你需要知道

大多数自残的青少年会发现，特定的情境或事件会促使他们想要伤害自己。这些情境或事件会让他们感到失控和不知所措，他们所熟悉的唯一能让自己平静下来并重新控制自己的方法，就是伤害自己。所以，你需要找到一个"安全屋"，这里能让你平静、感觉良好且能控制自己，这将有助于你改掉自残的习惯。

这个"安全屋"可以是一个真实的地方，也可以存在于你心中。在这个活动中，你将思考如何创建一个能让你感到安全的真实场所。在下一个活动创建虚拟"安全屋"中，你将尝试在头脑中创建一个安全的地方，以便在感到不安或失控时帮助自己。

▶ 创建"安全屋"

想象你正在为自己创造一个完美的空间,在那里你可以感到安宁、平静和积极。在下面的方框中,画出你希望这个空间里摆放的物品,如舒适的椅子、CD机、图片或照片、书籍、毛绒玩具等。在右边的横线上,列出你的"安全屋"中所有的物品清单。

▶ **自我思考**

● 你有可能真的搭建一个这样的"安全屋"吗?有没有一个地方可以让你拥有清单上的一些物品?

_____
_____
_____

● 请描述一个你今天立马就可以创造的,让你感觉更安全一点的地方。

_____
_____
_____
_____
_____
_____
_____
_____
_____
_____
_____

| 活动 | CHAPTER 4 | 战胜自残 |

# 25 创建虚拟"安全屋"

## 你需要知道

当你心烦意乱时,也许有各种各样的原因或阻碍,让你没法去到一个真正的"安全屋",但你可以在脑海中创造一个虚拟"安全屋",从而让你感觉更安全、更平静、更能控制自己。

大多数自残的青少年表示,自残的冲动持续时间相对较短。当人们被内疚、羞愧或愤怒等负面情绪淹没时,更容易伤害自己。你可以在脑海中想象一个平静的画面,帮助你控制这些负面情绪,进而去做一些让自己感觉良好的事情。想象是一种强大的心理工具,它是催眠术的基础,许多人都曾用它来改善情绪,甚至消除身体上的痛苦。

你能在脑海中虚构一个"安全屋"吗?它也许是日落时分的海滩,海浪拍打着海岸,海风轻拂脸颊;或是被你爱的人拥抱和照顾的温暖画面。大多数人都能轻易地勾勒出这样的画面,甚至还能创造出声音形象。创造嗅觉、味觉或触觉形象相对比较困难,但你也可以尝试。你的大脑能将感官印象存储为记忆,不同的人调取记忆画面的能力不一样,但如果你能调动越多的感官在脑海中创造一个"安全屋",你的感觉会越好。

在下面的空白处,画出一个你随时能想到的"安全屋"。如果这有难度,你也可以直接使用照片或杂志上的图片。

盯着这幅图片看一分钟,然后闭上眼睛,努力将画面留在脑海中,并想象这幅画面里的声音、气味、触感,这将让你的"安全屋"更立体。

▶ **自我思考**

● 做完前面的练习后,你有什么感觉?写下你所有的感受。

_____
_____
_____

● 把注意力都放在这幅画面上难吗?有其他的画面或想法在干扰你吗?如果有的话,它们是什么?

_____
_____
_____

● 你还能想到其他让你更平静、更有掌控感的画面吗?请你描述一下。

_____
_____
_____

● 当你想伤害自己时,会尝试想象这个"安全屋"吗?如果不会,为什么?

_____
_____
_____

活动 **26** | CHAPTER 4 | 战胜自残

## 为自己设定目标

### 你需要知道

当人们想要改变时,通常会为自己设定目标,并给自己一个期限来实现这些目标,这有助于你改变自己的行为。

当你决定不再伤害自己时,制订具体的目标对你是有帮助的,这可以让你过上更健康、快乐的生活。在下一页的练习中你可以设定一些想要努力实现的目标,旁边可以注明你希望用多长时间去实现它。此外,还可以列出在实现目标的过程中可能遇到的阻碍。

▶ **自残者的目标**

自残者设定的一些目标：

- 我努力把自残减少到每月＿＿＿＿＿＿次。

- 每次我想伤害自己时，都会联系我的心理咨询师或其他成年人。

- 我会找到一种活动来替代自残，并坚持做。

- 我会练习尽量让自己平静地处理情绪。

- 我会避免使用那些会伤害自己的物品。

- 当我想伤害自己时，我会去"安全屋"里。

以下是一些可能对你有帮助的其他目标：

- 我将开始一项锻炼计划。

- 我要与以前的朋友重新建立联系。

- 我会在学习上更加努力。

- 我将参与社区服务。

写下与自残相关的其他目标：＿＿＿＿＿＿＿＿＿＿＿＿＿＿＿＿＿

写下你想达成的其他目标：_____

有些自残的青少年会遇到以下阻碍：

- 学习压力

- 父母或老师的唠叨

- 同伴压力

- 饮食方面的困扰

- 身体疾病

- 家庭变故

你还可能遇到其他阻碍，请将它们写在下面：_____

▶ **康复目标表**

设定目标，并记录自己的进展非常重要。先查看前一页你写下的目标和阻碍，再选择 5 个你认为最重要的目标填在下表中。然后填写你开始努力实现目标的日期、预期可以达成目标的日期以及可能遇到的阻碍。目标实现后，用 1 到 5 来进行评级，1 = "有点成功"，5 = "非常成功"。假设你的目标是每天锻炼，而现在你根本不锻炼，你希望能在一个月内实现这个目标。但一个月后，你只做到了每周锻炼 3 次，那么你的成功评级将是 "3"。

| 目标 | 开始日期 | 预期达成目标的日期 | 可能遇到的阻碍 | 目标实现的日期 | 成功等级 |
|---|---|---|---|---|---|
|  |  |  |  |  |  |
|  |  |  |  |  |  |
|  |  |  |  |  |  |
|  |  |  |  |  |  |
|  |  |  |  |  |  |
|  |  |  |  |  |  |

▶ **自我思考**

● 你以前为自己设定过目标吗？实现了吗？

● 你以前的目标一般是定得太高、太低还是恰到好处？说说你的想法。

● 当你列出实现目标的阻碍时，有什么特别难以解决的阻碍吗？有的话，说一说它是什么？

● 你认为最大的阻碍是什么？请写出 3 个。这些阻碍有什么共同点吗？你能找到克服这些阻碍的方法吗？

| 活动 | CHAPTER 4 | 战胜自残 |

# 27 制作一个自残应急包

## 你需要知道

许多自残者发现，制作一个应急包是非常有用的，一旦他们想要自残时，里面的东西可以帮到他们。

应急包里可以放这些东西：

- 可以打电话求助的人员名单

- 当你想伤害自己时可以做的替代活动的清单（如"活动 20"中的内容）

- 可以写下你的想法和感受的日记本

- 一个球，如网球，可以用它来发泄紧张情绪

- 一张 CD，里面是舒缓情绪的音乐

- 一张你关心的人的照片

列出你打算放进应急包的其他物品：＿＿＿＿＿＿＿＿＿＿

▶ **自我思考**

● 你认为应急包中最有用的物品是什么?

● 什么会妨碍你使用应急包?

● 你能随身携带应急包吗?如果可以,如何确保你能做到?如果不可以,请解释原因。

● 准备应急包是为了防止自残,你觉得这个应急包还可以用于其他哪些突发情绪事件?请写在下面。

活动 | CHAPTER 4 | 战胜自残

# 28 应对压力

## 你需要知道

每个人每天都会经历一些压力。你能找到的应对压力的方法越多,就会越快乐、越健康。

压力可能来自一些小事,比如糟糕的发型,或是手上的倒刺。当你面临考试或不得不参加大型活动时,可能会感受到更大的压力。即使是好事也会造成压力,比如参加聚会,即便青少年很想在聚会上开心地玩,他们有时也会感到紧张。还有一些大事件也会造成压力:父母离婚、重病、被嘲笑或欺负、与朋友争吵、感情破裂或搬到另一个城市。你可能遭遇过很多让你倍感压力的事情。

压力会使大脑产生一种叫作皮质醇的化学物质,这是控制我们感觉和行为的激素之一。当大脑分泌少量皮质醇时,你会感到适度的紧张和自我掌控感。但当大脑分泌过多的皮质醇时,就会让你感到身体不适、抑郁或焦虑。

有些青少年在感到压力时会伤害自己,当他们自残时,会觉得自己能更好地控制压力。但是，伤害自己会让他们感到尴尬或羞耻，这也会造成压力，以致他们最终会感觉更糟糕、更失控。

当你找到更好的方法来应对压力时，就能学会控制那些想自残的感觉，从而改掉这种上瘾的习惯。

应对压力的健康方法有很多，包括以下几种：

• 与朋友和家人交谈

• 运动，尤其是集体运动

• 音乐、舞蹈或其他类型的艺术等创造性活动

• 放松活动

放松活动是应对压力的最佳方法之一。这些活动包括做瑜伽、深呼吸以及聆听舒缓的音乐。不建议看电视、看书，因为这虽然可以分散你的注意力，但不会真正降低你的压力水平。减轻压力的方法实际上是通过降低心率和血压，降低大脑中的皮质醇水平，同时产生能让你感觉更好的化学物质，如内啡肽和血清素，从而改变你身体的工作方式。

在这项活动中，你将学习如何通过放松来应对压力，当然这同样不容易，就像学习大多数东西一样，这需要持久的练习。在一周中，每天选择一个时间，花10到15分钟放松一下。然后用下一页的图表来评定你整个星期的放松程度。

记住，你越频繁地练习减压技巧，应对压力就越轻松。

▶ **放松日志**

第_____周

| 日期、时间 | 你做了什么来放松 | 放松的时长 | 你放松后的感受 按 1—10 分打分 1 = "压力非常大" 10 = "安定平静" |
|---|---|---|---|
| | | | |
| | | | |
| | | | |
| | | | |
| | | | |
| | | | |
| | | | |
| | | | |
| | | | |
| | | | |

▶ **自我思考**

● 列出所有有助于放松的活动。

● 哪种活动最有助于应对压力?

● 哪一项活动最有趣?

● 回顾你的放松日志,你对自己的放松习惯有了哪些了解?

● 如何让放松成为日常生活的一部分?

活动 **29** | CHAPTER 4 | 战胜自残

# 学会正念

## 你需要知道

许多人发现，正念这种冥想方式能让他们觉得对生活更有掌控感。当你保持正念时，意味着你意识到自己和周围环境的存在，你会清除头脑中的杂念，专注于你此刻正在经历的事情。练习正念可以帮助你面对生活中的困难时刻，抑制自残的冲动。

许多心理咨询师认为，正念是克服自残的重要工具。自残是一种压抑自己的情感、逃避问题的方式。正念则恰恰相反。它旨在让你意识到自己的感受和周围的环境，唤醒你的感官。当你更加了解自己的感受时，就能找到更多让自己感觉良好的方法，并直接面对问题，这是打破自残前后负面情绪循环的重要一环。

学习正念的基本步骤很简单：

1. 静静地坐着或躺着，注意呼吸的节奏。

2. 觉察身体的每一种感受。

3. 清除杂念。

4. 感受当下。

每天练习几次，哪怕每次只有几分钟。当头脑中的杂念逐渐清除时，你应该会感到平静，并找到一种平和的状态。

正念需要练习，当你学会了它，就可以把它运用到一天中的许多活动里。下一页是关于何时练习正念的建议。

▶ **养成正念的习惯**

每天练习正念几分钟,是培养平静感和自信心的有效方法。看看下面的清单,选择两三种你喜欢的正念方式。你可以在横线上写下自己的想法,说明你可以在哪些时间和地点保持正念。

- 乘车时,专注于呼吸或周围的环境。

- 在睡觉前和醒来时,做一些"正念"呼吸。不要让你的思绪陷在忧虑之中,而是专注于你的呼吸。

- 找一项你平时会匆匆忙忙完成的任务,比如刷牙,然后集中注意力去体验。

- 利用一天中常见的事情,如接电话或坐在教室里,提醒自己思考正在做什么,观察自己是怎样做的。

- 专注于你的食物,而不是边吃边说话或边看电视。

- 在一天中的不同时间里停下来专注于自己的呼吸。

▶ 自我思考

● 你觉得保持正念难吗？你觉得自己能学会这种技巧吗？如果不能，为什么？

_____

_____

● 当你进行多任务处理，或同时做几件事情时，是无法形成正念的。在一天中，你通常会在什么情况下进行多任务处理（例如，一边听音乐一边做作业，一边吃饭一边打电话）？

_____

_____

● 当你可以进行正念时，是否注意到自己的感受有什么不同？如何描述这种感受？

_____

_____

● 当你努力保持正念时，是否很难将杂念排除在脑海之外？有哪些想法或感受会干扰你？

_____

_____

活动 **30** | CHAPTER 4 | 战胜自残

# 处理让人苦恼的想法和感受

## 你需要知道

很多自残的人都说,他们伤害自己是为了消除难受、苦恼的感觉和记忆。即使没有做错任何事,你也可能会为某些事情感到羞愧或内疚。因为人的感受是没有逻辑的,这也是为什么很多人经常会有莫名其妙的苦恼。

希望心理咨询师能帮助你更好地理解自己苦恼的感觉和记忆。不过在理解它们之前,你也可以学会包容它们,本手册中的许多活动都可以帮到你,你可以使用以下技巧。

**活动编号**

| | |
|---|---|
| 17 | 纠正错误的"自动思维" |
| 18 | 做让自己快乐的事情 |
| 20 | 寻找替代活动 |
| 21 | 与他人谈论真实的自我 |
| 28 | 应对压力 |
| 29 | 学会正念 |
| 34 | 你的生活方式健康吗? |

在这些活动中,你将进一步了解这些令你苦恼的想法、感觉和记忆是如何影响你的,以及你能做些什么来有效地应对它们。

▶ **评估令你苦恼的想法和感受**

那些让你心烦意乱的事五花八门，"糟心"程度也各不相同。在这个练习中，请你写下 5 个让你苦恼的想法或记忆，以及它们所引发的感受。在第 3 列中，从 1 到 5 给你苦恼的程度打分，1 = "最不难过"，5 = "最难过"。在第 4 列中，给你产生这些感受的频率打分，1 = "很少"，5 = "几乎每天"。

| 让你苦恼的想法或记忆 | 它们引发的感受 | 你苦恼的程度 | 这些感受出现的频率 |
| --- | --- | --- | --- |
|  |  |  |  |
|  |  |  |  |
|  |  |  |  |
|  |  |  |  |
|  |  |  |  |

▶ **自我思考**

● 什么样的特定情况会让你产生苦恼的感觉?

● 你是否尝试过用其他方式来麻痹自己,比如沉迷网络,去摆脱苦恼的感受?

● 你是否有一些健康的方法来应对苦恼呢?

● 是否有曾经困扰你的想法和记忆,但如今你已经克服了?请写在这里。

活动 **31** | CHAPTER 4 | 战胜自残

# 是什么令你苦恼？

## 你需要知道

很多人并不知道是什么让他们突然感到苦恼，很多时候，他们突然就被无助、焦虑、内疚、羞愧、悲伤甚至绝望等情绪淹没了。学会去了解其背后的原因，是你康复道路上的重要一步。

我们大脑中的情感部分（边缘系统）并不是以遵循逻辑的方式工作的。我们常常不知道自己为什么会苦恼，这些想法会引发不适，进而导致我们做出自我伤害的行为。有时，思想和感受并不遵循任何可观察到的逻辑模式，它们可能是由药物、遗传基因甚至环境污染导致的大脑化学失衡。但即便很多时候我们的感受来得没有逻辑，它们也是有规律可循的。大多数情况下，苦恼的产生都会有一些诱因或线索。

▶ **找到引发你苦恼的诱因**

在这一行写下你在第 122 页列出的最苦恼的想法或记忆：

把每次有这种想法时正在发生的事情写下来。一周后，复查此表，确定是否有反复出现的诱因（时间、人物、地点、情境或事件）导致你产生苦恼的想法。你可以针对其他困扰你的想法重复这项活动。

| 时间 | 你身边的人 | 地点 | 情境或事件 |
|---|---|---|---|
|  |  |  |  |
|  |  |  |  |
|  |  |  |  |
|  |  |  |  |
|  |  |  |  |
|  |  |  |  |
|  |  |  |  |
|  |  |  |  |
|  |  |  |  |
|  |  |  |  |
|  |  |  |  |
|  |  |  |  |
|  |  |  |  |
|  |  |  |  |

▶ **自我思考**

● 什么事情最让你苦恼?

● 引发苦恼的原因是否有关联?

● 为了消除这些诱因,你在生活中能做哪些改变?

| 活动 32 | CHAPTER 4 | 战胜自残

# 对苦恼的想法和感受脱敏

## 你需要知道

有些想法和感觉非常强大，对某些人来说，恐惧、焦虑、羞耻感和负罪感占据了他们的整个生活。但这些都是有解决办法的，心理学家发现可以通过"脱敏"来减轻这些强烈的感受。如果你学会了如何脱敏的技巧，就能更轻松地处理让你心烦意乱的事情。

脱敏是一种常见的心理技巧，被用于治疗各种心理问题。顾名思义，脱敏就是降低你对思想、记忆或感受的敏感性或反应性。

脱敏有三个步骤：

1. 放松
2. 给令你苦恼的想法和感受排序
3. 给令你苦恼的想法找到对应的放松办法

脱敏疗法通常用于有特定恐惧的人，如恐高、幽闭恐惧症等。使用这种方法，人们循序渐进地处理自己的恐惧，慢慢让身心平静下来。你也可以用它来调节自残前的苦恼情绪。

当你知道自己可以控制这些感觉时，就会发现停止自残没那么难。

▶ **对苦恼的想法和感觉脱敏**

在开始之前,请至少复印 5 份下一页的"脱敏评级记录表"。

1. 准备 5 张卡片,在每一张上写下一种令你苦恼的情况。

2. 找一个舒适的地方坐下,尽量放松身心。深呼吸,放松全身肌肉。

3. 拿起一张卡片,读给自己听。用 3 分钟想一想当时的情景或事件,想象着自己就在现场。如果你有计时器,用它来计时。

4. 停下来,在图表中,给自己的苦恼程度打分,1 = "一点也不苦恼",10 = "苦恼得无法忍受"。

5. 重读卡片,大约用 4 分钟再次想象当时的情景或事件。

6. 现在,再次用评分表为自己的感受打分。

7. 然后,继续做两次,先将你回忆情景或事件的时间增加到 5 分钟,之后再增加到 7 分钟。

8. 现在来看看你的评分,能否将苦恼情绪控制在 3 分以下?如果不能,请针对这张卡片继续练习。

9. 如果能,则开始进行下一张卡片的练习,并使用新的脱敏评级记录表。

10. 每天练习一次,直到你能轻易控制住自己的苦恼情绪为止。

▶ **脱敏评级记录表**

令你苦恼的情况＿＿＿＿＿＿＿＿＿＿＿＿＿＿＿＿＿＿＿＿

| 时间间隔 | 评分 | 评价 |
|---|---|---|
| 3 分钟 | | |
| 4 分钟 | | |
| 5 分钟 | | |
| 7 分钟 | | |

▶ **自我思考**

● 完成脱敏练习后,你是否觉得自己能更好地控制情绪?

_____
_____
_____

● 通过练习,你是否发现更容易平复自己的烦躁情绪了?如果不是,阻碍是什么?

_____
_____
_____

● 你认为这种脱敏技巧实用吗?如果不,为什么?

_____
_____
_____

● 列出5种情况,用上放松技巧,每次几分钟,让自己慢慢对这种情况所引起的苦恼的感觉脱敏。

_____
_____
_____

| 活动 | CHAPTER 4 | 战胜自残 |

# 33 面对自己在饮食方面的问题

## 你需要知道

许多自残的青少年也存在饮食方面的问题，他们要么吃得太少，要么暴饮暴食甚至呕吐。如果你有饮食方面的问题，那么你要知道这与导致你自残的情绪问题是有关系的。当你对食物，对你的身体意象有了更健康的态度时，就能在康复的道路上走得更远。

很多人认为进食障碍也是人们伤害自己身体的一种方式。事实上，严重进食障碍患者确实给自己带来了身体上的痛苦。本手册中的活动可以帮助你更好地处理情绪问题，进而养成更健康的生活方式。

首先，我们来评估一下你是否有饮食方面的问题。下一页上的调查问卷作为康复计划的一部分，将帮助你确认是否需要调整对待食物的方式。

▶ **饮食问卷**

1. 你是否有身材焦虑？ ☐ 是 ☐ 否

2. 你是否觉得不瘦就没有吸引力？ ☐ 是 ☐ 否

3. 你吃得饱吗？ ☐ 是 ☐ 否

4. 你是否因为吃东西而感到内疚？ ☐ 是 ☐ 否

5. 你是否永远对自己的外表不满意？ ☐ 是 ☐ 否

6. 你是否经常在意自己的体重和饮食？ ☐ 是 ☐ 否

7. 你是否过度节食？ ☐ 是 ☐ 否

8. 你是否滥用泻药或减肥药？ ☐ 是 ☐ 否

9. 你喜欢一个人吃饭吗？ ☐ 是 ☐ 否

10. 你会计算每一口食物的卡路里吗？ ☐ 是 ☐ 否

11. 当你情绪低落时，你会选择吃东西吗？ ☐ 是 ☐ 否

12. 你是否曾觉得自己在进食时停不下来？ ☐ 是 ☐ 否

13. 你会因为自己吃得太多而催吐吗？ ☐ 是 ☐ 否

14. 你是否觉得如果自己瘦一点会更快乐？ ☐ 是 ☐ 否

15. 你是否经常拿自己的身材和外貌与他人比较？　　☐ 是　☐ 否

16. 家人或朋友很关心你的体重吗？　　☐ 是　☐ 否

17. 你是否把对饮食的焦虑当作秘密？　　☐ 是　☐ 否

18. 你是否就自己吃了什么说过谎？　　☐ 是　☐ 否

如果你对其中两个或更多问题的回答"是"，那么你可能有饮食方面的问题。如果你对其中5个以上的问题回答"是"，那么你可能患有进食障碍或有患上进食障碍的风险。作为康复计划的一部分，你需要与心理咨询师讨论这个问题。

▶ **自我思考**

● 你在"饮食问卷"中的回答是否令你感到意外?

---

---

---

● 你以前是否也曾认为自己患有进食障碍?如果有的话,你为此做了什么?

---

---

---

● 你如何评价自己在饮食方面的问题?从1到10打分,1="不严重",10="威胁生命"。

---

---

---

● 你打算采取哪些措施来解决与饮食有关的问题?在此列出。

---

---

---

活动 **34** | CHAPTER 4 | 战胜自残

# 你的生活方式健康吗？

## 你需要知道

很多人都不太在意自己一天吃了什么，所以可能认为自己在饮食方面没有问题，但要真正弄清这一点，唯一的办法就是连续几天记录自己的饮食情况。你要知道，我们吃的食物对大脑中控制情绪的化学物质有重要影响。当你吃得健康时，你的大脑就会产生更多的生化物质，帮助你感到平静，更能掌控自己的情绪。

你可能知道，均衡饮食包括蛋白质、水果、蔬菜和碳水化合物。高糖和高脂肪的食物不属于健康饮食的范畴，可能会导致你的精力忽好忽坏。

每天保持充足的睡眠（至少 8 小时），规律进行锻炼也能帮助大脑分泌改善情绪的生化物质。作为康复计划的一部分，你应该尝试过更健康的生活。你越积极地养成更健康的生活方式，就越不会想伤害自己。

▶ **饮食和行为日志**

将此日志复印几份。一天结束时，写下自己吃了什么以及运动了多久。你还应写下这一天中的心情，并注意它是否因时间或所吃的食物而有所变化。

日期_____　　昨晚的睡眠时间_____

| 时间 | 我吃了什么 | 运动量 / 分钟 | 我的情绪 |
|---|---|---|---|
|  |  |  |  |
|  |  |  |  |
|  |  |  |  |
|  |  |  |  |
|  |  |  |  |
|  |  |  |  |
|  |  |  |  |
|  |  |  |  |

用 1 到 5 分来评价你这一天生活方式的健康程度，1 = "差"，5 = "非常健康"。

你的评分_____

▶ 自我思考

● 你认识哪些生活方式健康的人？他的动力是什么？

● 什么原因阻碍你吃得更健康？

● 你为什么不愿意多做运动？

以下是一些可以改善饮食和运动习惯的方法，在你认可的方法前的方框中打"✓"。

☐ 去健身房

☐ 加入运动小组

☐ 慢跑

☐ 记录饮食日志

☐ 咨询营养师

☐ 向心理咨询师咨询有关饮食的问题

☐ 加入"体重观察者"或类似的饮食小组

☐ 大幅减少垃圾食品的摄入量

☐ 与父母商量在家吃更健康的食物

☐ 向咨询师或医生咨询睡眠问题，寻求帮助

| 活动 | CHAPTER 4 | 战胜自残 |
|---|---|---|
| **35** | 你准备好停止自残了吗？ | |

## 你需要知道

　　这本手册旨在帮助你思考自残的原因，并养成新的行为方式，从而帮你找到更好的方法来应对情绪问题。你需要做好充足的准备彻底戒除自残。

　　希望这本手册中的活动，以及你与心理咨询师一起所做的工作，能够帮助你大大减少自残的次数。你现在准备好彻底停止伤害自己了吗？

　　下一页是一份表格，帮助你做好准备，以后都不再伤害自己。与你实际情况相符的说法越多，说明你的准备就越充分。

▶ **准备停止自残**

勾选与你实际情况相符的说法：

☐ 停止自残对我来说非常重要。

☐ 我已经把自残的事情告诉了我生命中重要的人。

☐ 当我想自残时，至少有两个人我可以致电求助。

☐ 我知道在自残前会有什么样的感受。

☐ 我知道哪些情况会引发我自残。

☐ 我知道哪些想法会引发自残。

☐ 我已经摆脱了用来伤害自己的东西。

☐ 我列出了可以替代自残的活动清单。

☐ 当我想伤害自己时，有一个让我感到安全的地方可以让我待一会儿。

☐ 我正在接受心理咨询，我相信这能帮我彻底戒掉自残。

▶ **自我思考**

● 承诺不再伤害自己是一个巨大的进步。你为自己感到自豪吗?

_____
_____
_____

● 改变任何习惯都是困难的。你认为什么会阻碍你远离自残?

_____
_____
_____

● 在上一页中,是否有你没有勾选的陈述?在下面的横线上,写下你还可以做些什么来为彻底停止自残做进一步的准备。

_____
_____
_____

| 活动 | CHAPTER 4 | 战胜自残 |

# 36 回顾你所学到的内容

## 你需要知道

现在，你差不多已经完成了这本手册，是时候重温一下你所学到的知识了。定期重温所学内容将有助于强化健康的思维和行为方式。

以下是你可以从这本手册中学到的十大要点：

1. 你可以控制导致自残的苦恼的情绪。

2. 当你想伤害自己时，能找到替代活动。

3. 你可以改变引发抑郁和自残的想法。

4. 你可以塑造更好的身体意象。

5. 你可以养成更健康的生活方式。

6. 你可以建立一个包括成年人在内的朋友圈，在你心烦意乱时向他们求助。

7. 你可以制作一个应急包，在遇到情绪危机时使用。

8. 你可以克服与自残有关的其他问题，如进食障碍、沉迷网络等。

9. 在坦诚交流的基础上，你可以与父母建立更好的关系。

10. 你可以更加快乐，在每天的生活中找到更多乐趣。

在开展这些活动的过程中，你可能还学到了关于你自己和自残的其他知识。请在下面列出你学到的最重要的东西。想到什么就写什么，以后可以随时补充这个清单。

我所了解到的关于自残的内容：

▶ **自我思考**

● 关于自残,你学到的最有帮助的事情是什么?
_____
_____
_____

● 与自残无关,你学到的关于你自己的最重要的事情是什么?
_____
_____
_____

● 当你试图改变某些重要的事情时,遇到挫折是很常见的。如果遇到挫折,你能做的最重要的事情是什么?
_____
_____
_____

● 请熟悉你的人说一说,在过去的几个月里,你变得更好的两件事。在询问他之前,猜一猜他会说什么,写下来。
_____
_____
_____

活动 37 | CHAPTER 4 | 战胜自残

# 帮助他人，成就自己

## 你需要知道

许多深陷困境的人会发现，随着自己的好转，他们也愿意帮助其他人解决同样的问题。帮助他人是获得个人成长和使命感的重要途径。

你有很多方法可以帮助其他青少年解决与你类似的问题，比如通过社区服务。以下是一些帮助他人的方法：

- 加入同龄人咨询项目，学习如何更好地帮助其他青少年

- 辅导低龄儿童学习

- 成为年幼孩子的姐姐或哥哥

- 加入有类似问题的互助小组

- 社区服务活动

当你把帮助他人作为你生活的一部分时，会发现你的自我价值感得到了很大的提升。

- 在处理情绪问题方面，你能教给别人什么？

  _____
  _____
  _____

- 在下面的空白处，写出你认为对其他青少年有益的 5 件事。

  1. _____
  2. _____
  3. _____
  4. _____
  5. _____

- 写出你可以帮助其他人的 5 种方法。

  1. _____
  2. _____
  3. _____
  4. _____
  5. _____

▶ **自我思考**

● 你过去是否参加过任何形式的社区服务？为什么没有继续？

 

● 你知道有哪些从事社区服务的团体吗？把你知道的团体列一个清单。

 

● 有没有什么事情可能会妨碍你抽出时间去帮助他人？

 

● 你知道有谁非常热衷于社区服务？他的动力是什么？

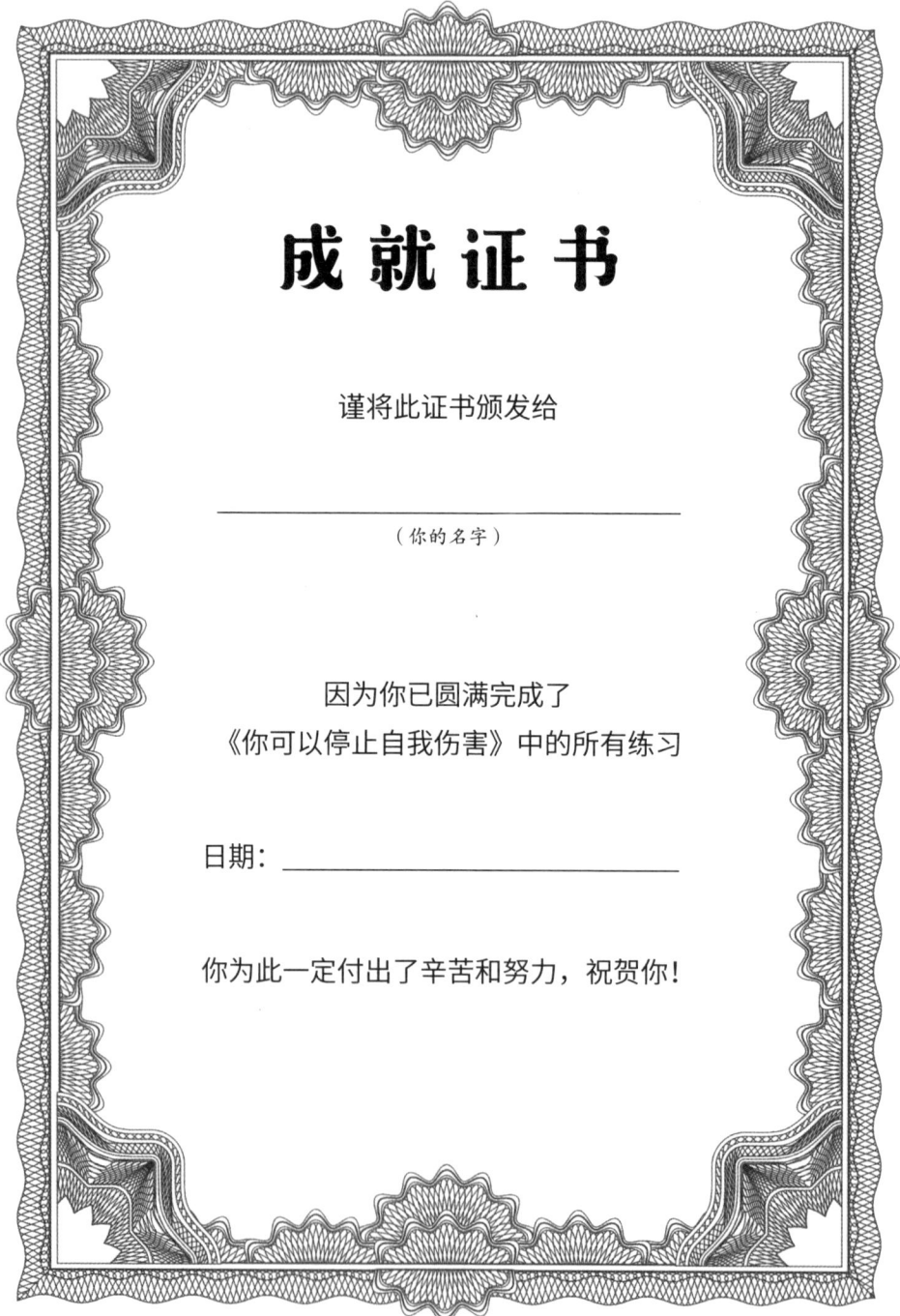